第4次改訂版

地方自治
課題解決
事例集

人事編

任用／給与／勤務時間・休日・休暇
労使関係／服務・その他

地方自治課題研究会 [編著]

第2巻

ぎょうせい

刊行のことば

　超高齢・人口減少社会の到来や東日本大震災の発生など、社会経済状況が大きく変化する中で、地方自治体は、今、大きな転換期の中にあります。

　現在、基礎自治体への権限移譲や義務付け・枠付けの見直し等の改革が進められていますが、今後、ますます、地方自治体が、「自己責任、自己決定」の原則の下、地域における行政を自主的、主体的に実施する役割を担うことが求められることになります。

　このような新たな時代において、地方自治体で働く職員には、これまで以上に高いレベルの知識、能力が必要となります。行革を進めている一方で仕事の密度は濃くなるばかりですが、日々の職務は正確、かつ迅速に処理しなければなりません。また、多くの地方自治体が厳しい財政状況に置かれており、優れた経営感覚を持ち合わせることが求められます。そのため、職員一人ひとりが、前例にとらわれないアイデアを生み出し、創意工夫を図って難局を乗り越えていかねばなりません。

　その前提として、職員は、基礎的な行政の知識と専門的な実務能力を身につけることが強く求められています。

　また、困難な事例や新しい問題に直面した場合において、以前は国に依存して指導を仰いでいた時代もありましたが、現在は自らの力で解決していかなければなりません。

　そこで、本シリーズでは、多くの方々にとって参考になるよう、地方自治の第一線で働く職員が実際に経験した事例を中心に、都道府県、市区町村の別を問わず、普遍性の高い事例を取り上げ、Ｑ＆Ａ方式により、その問題点や背景、解決の方法などを記述しました。

なお、本シリーズ中、意見にわたる部分は、執筆者、編者の私見であることを申し添えます。また、記述が不十分である点などについては、読者の皆さんから、忌憚のない意見をお寄せ願えればと思います。

　本シリーズが、読者の皆さんにとって、実務知識の向上に役立つことができれば幸いです。

　　平成13年５月

　　　　　　　　　　　地方自治問題研究会

第４次改訂に当たって

　我が国は今、旧態依然とした考え方やこれまでの古い体質からの決別に加えて、新型コロナウイルス感染症がもたらした社会・経済の変容を受け、これまでにないほどの大きな変革の時を迎えています。

　国においては、若年労働力人口が減少していく中で、複雑高度化する行政課題に的確に対応し、質の高い行政サービスを維持していくため、経験ある人材の活躍の場を作る定年引上げの実施や、個々の事情に応じた多様で柔軟な働き方の実現を図る働き方改革など、国家公務員制度の改革を進めています。また、こうした動きにあわせて、地方公務員に関する様々な制度改正が実施・検討されており、地方公共団体においては、国の動向を注視しながら、適切に対応していく必要があります。

　しかしながら、いくら時代が変化しようとも、地方公務員は全体の奉仕者として住民に対して責任を負い、その責任を全うするためにその地位が保障されるという、地方公務員に関わる制度や諸々の規程の本来の趣旨・理念は変わることはありません。地方公共団体に働くものが、十二分に能力を発揮し、住民の期待に応えていくためには、まず、中立性、公平性が確保され、安んじて職務に従事できる環境が何よりも必要です。

　こうした中で、地方公務員の昇任、昇格、勤務時間などの勤務条件及び職員団体対応などの事務に携わる職員は、日々発生する様々な問題に直面し、どのように解決すればよいのか頭を抱えることも多いのではないでしょうか。また、任用、給与に関する規程は地方公務員の権利、義務を明確に定めるものであり、非常にデリケートな問題も種々含まれているため、その対応に苦慮する場面も多いと

思います。そのような実務担当者の悩みに応えるべく、この度、平成31年１月に改訂した前版について、それ以降の法改正等の内容を反映させるとともに、昨今の情勢の中で実務担当者が判断に迷うような事例を追加しました。

　事例としては、できるだけ多くの団体で日常の業務遂行上生じるような、身近な諸問題を集めるように心がけました。また、解決策についても、できるだけわかりやすく具体的に記述するように努めました。解決策の解説に際しては、地方公務員法や行政事例等に沿って考えるようにしています。

　今回取り上げた事例や解決策は、筆者たちがそれぞれ在職した職場で実際に生じたものや、過去において発生し、解決してきたものがほとんどです。その意味では、極めて実践的であり、現実を踏まえたものと考えています。

　今ほど、良くも悪くも地方公務員が注目されている時代はありません。この本が、今後とも、職員一人ひとりが持てる力を最大限に発揮し、より良い社会を築くための一助となれば幸いです。

　　令和５年11月

　　　　　　　　　　　　　　　　　執筆者一同

目　次

第2章　給　与

第3章　勤務時間・休日・休暇

第4章　労使関係

第5章　服務・その他

凡　例

◇関係法令等の叙述の基準は、令和5年4月1日現在とした。

◇本文中の（　）内で根拠法を示す場合、次の①〜③の原則に従った。

 ① 　法令名は原則として、後掲の法令名略語表に掲げた略称を用い、略語表にないものは、正式名称で示した。

 ② 　条・項・号の表示は、条はアラビア数字、項はローマ数字、号は○つきアラビア数字で示した。

 〈例〉地方自治法第135条第1項第3号　→　（自治法135Ⅰ③）

 ③ 　2つ以上の法令の条文数を列記するときは、同一法令の場合は（・）で、異なる法令の場合は（、）で区切った。また、同一法令の連続する3つ以上の条・項・号を示す場合は、「〜」の記号でその中間の条・項・号を略した。

◇判例・実例を示す場合、「判決」→「判」、「行政実例」→「行実」と略した。また、裁判所の表示については、次に掲げる略語を用いた。

 大　　　大審院

 最　　　最高裁判所

 ○○高　　○○高等裁判所

 ○○地　　○○地方裁判所

◇カッコ内の法令名等の記述に当たり、次の法令等について略称を用いた。

 給与法　　　　　　　一般職の職員の給与に関する法律

 憲法　　　　　　　　日本国憲法

 公選法　　　　　　　公職選挙法

 自治法　　　　　　　地方自治法

男女雇用機会均等法　雇用の分野における男女の均等な機会及
　　　　　　　　　　　び待遇の確保等に関する法律
地公育児法　　　　　　地方公務員の育児休業等に関する法律
地公企法　　　　　　　地方公営企業法
地公法　　　　　　　　地方公務員法
地公労法　　　　　　　地方公営企業等の労働関係に関する法律
労基法　　　　　　　　労働基準法
任期付採用法　　　　　地方公共団体の一般職の任期付職員の採
　　　　　　　　　　　用に関する法律
任期付研究員法　　　　地方公共団体の一般職の任期付研究員の
　　　　　　　　　　　採用等に関する法律

第 **1** 章

任　用

特別職・一般職

1 臨時的任用と空白期間

前回の臨時的任用の任期の終期から1週間程度の空白期間をおいて、同じ人を任用することは可能か。

1 臨時的任用

臨時的任用は、地方公務員法17条の任命の方法の特例であり、常時勤務を要する職に欠員を生じた場合であってかつ、①緊急の場合、②臨時の職に関する場合、③採用候補者名簿がない場合に限定される（地公法22の3Ⅰ・Ⅳ）。常時勤務を要する職に欠員を生じた場合とは、常勤職員の任用を予定し得る地位に、現に具体的な者が充当されていない場合を指すものであり、平成29年の地方公務員法改正時、国家公務員の取扱いを踏まえて新たに追加された要件である。これに伴い、非常勤の職に欠員を生じた場合、地方公務員法に基づく臨時的任用は認められなくなった点に注意が必要である。

①の緊急の場合とは、災害その他重大な事故が発生し、その復旧に緊急の人手を必要とする場合などであり、②の臨時の職に関する場合とは、一時的に事務量が増大し多忙となる時期に任用する場合などである。

なお、職員の定数上の取扱いについて、②は、臨時的任用を行う日から1年以内に廃止されることが予想される職に関する任用であり、定数条例の対象外と解されるが、①及び③に関する臨時的任用は、欠員を生じた職が「臨時の職」ではないことから、定数条例の対象と解される。

2 任用期間と更新

　臨時的任用を行うことができるのは原則として6月以内の期間であり、任命権者はその範囲内で、業務の必要に応じ都度適当な任用期間を設定することができる。また、1回に限り、6月の範囲内で、その任期を更新することができる（地公法22の3Ⅰ・Ⅳ）。

　よって、引き続き1年を超えて臨時的任用を行うことはできず、これを超えるものは違法な任用として、人事委員会を置く地方公共団体においては、その任用を人事委員会が取り消すことができる（地公法22の3Ⅲ）。

　なお、任期の更新とは、引き続く任用に関するものを指し、任期が終了した後に改めて任用する場合は、新たな職への任用という取扱いになる。

3 空白期間後の任用

　前回の臨時的任用の任期が終了した後、一定の空白期間をおいて改めて任用する場合は、任期が中断されており、任期の更新には当たらないと解される。しかし、事例のように、前回の任期の終了後、短期間の中断を経て同一の人を改めて任用することは、その理由によっては、地方公務員法の趣旨に反し脱法行為に当たる可能性がある。例えば、退職手当や社会保険料等を負担しないようにするため、任期の間に1週間程度の空白をおいて、同一の人を改めて任用することは、あらかじめ一定の空白期間をおくことを前提とした任用形態とも考えられ、更新の事実を形式的・意図的に否定するものであり、地方公務員法が予定する適法な臨時的任用とはいえないと考えられる。

④ 制度趣旨を踏まえた運用の確保

　１項に示した①の緊急の場合や③の採用候補者名簿がない場合においては、常時勤務を要する職に、１年を超えた継続的な欠員も生じ得る。この場合、公務の円滑な運営に支障を来さないためには、欠員が生じる間は、１年を超えて臨時的任用職員を活用することも想定される。その場合であっても、臨時的任用職員の任期が地方公務員法において最長１年以内と規定されていることを踏まえれば、その職は、１年ごとに必要性が改めて吟味され、その都度新たに設置された職であると位置づけられるべきものといえる。

　また、その場合において、新たに設置された臨時的任用の職に、前回と同じ人を引き続き任用することも想定されるが、その任用はあくまで新たに設置された職に対するものであり、前回任用された者に、新たな任用における優先権を与えてはならない。上の場合に限らず、臨時的任用の職の設置を繰り返すことにより、臨時的任用職員が事実上任期の定めのない常勤職員と同様であるかのような運用をすることは、法の趣旨からも避けるべきと考えられる。

Q

2 会計年度任用職員の任用に係る留意点

令和2年4月の改正地方公務員法の施行に伴い導入された会計年度任用職員制度について、任用面の留意点は何か。

1 会計年度任用職員制度の導入経緯

地方公務員の臨時・非常勤職員は平成28年4月時点で総数約64万人と地方行政の重要な担い手となる一方で、一部地方公共団体では、労働者性の高い者を地方公務員法の服務規定が適用されない特別職として任用するといった問題が生じていた。また、地方公務員の非常勤職員には手当を支給することができないため、期末手当を支給される国家公務員の非常勤職員との間に不整合が生じていた。

平成28年7月に総務省が設置した「地方公務員の臨時・非常勤職員及び任期付職員の任用等の在り方に関する研究会」では、これらの諸課題に関する検討が進められ、平成29年5月には、研究会の報告書を踏まえた「地方公務員法及び地方自治法の一部を改正する法律」が公布された。これにより、令和2年4月から新たに会計年度任用職員制度が導入され、一般職の非常勤職員の任用に関する制度が明確化されるとともに、会計年度任用職員について、期末手当の支給が可能となった。

なお、令和5年5月には、令和6年4月1日から会計年度任用職員に勤勉手当を支給することが可能となる「地方自治法の一部を改正する法律」が公布されている。

② 会計年度任用職員への移行と留意点

　改正前の地方公務員法に基づく非常勤職員や臨時的任用職員は、平成29年の法改正に伴い任用要件が厳格化され、改正法施行後はその多くが、地方公務員法22条の2に基づく会計年度任用職員に移行することとなった。

　なお、改正法施行後の地方公務員法17条に基づく一般職非常勤職員を任用することは、直ちに違法とはならないが、一般職として非常勤職員を任用する場合には会計年度任用職員として任用することが適当であり、それ以外に独自の一般職非常勤職員として任用することは、法改正の趣旨からも不適切と考えられる。仮に独自の一般職非常勤職員として任用した場合、フルタイム勤務の者は給料・手当の支給対象とならず、パートタイム勤務の者は期末手当の支給ができないほか、条件付採用期間も原則どおり6月必要となるなど、職員本人が著しい不利益を被ることからも、厳に慎むべきである。

③ 会計年度任用職員の位置づけに係る留意点

　法改正に伴い、会計年度任用職員の位置づけは、①従事する業務の質に関する要件と、②勤務時間に関する要件の2点により判断されることとなった。

　まず①について、会計年度任用の職は「相当の期間任用される職員を就けるべき業務に従事する職『以外の職』」であることが要件となる。その上で②について、「フルタイム勤務とすべき標準的な業務の量がある職」である場合はフルタイムの会計年度任用の職、それ以外の職である場合はパートタイムの会計年度任用の職と位置づけられている。

　①の、相当の期間任用される職員を就けるべき業務であるか否かの判断について、総務省のマニュアルは、単に業務の期間や継続性

のみによって判断されるものではなく、業務の内容や責任の程度などを踏まえた業務の性質により判断されるべきもの、としている。また、これに該当するか否かは、各地方公共団体において個々の具体的な事例に則して判断する必要があるとしつつ、平成28年12月27日付「地方公務員の臨時・非常勤職員及び任期付職員の任用等の在り方に関する研究会報告書」において「典型的には、組織の管理・運営自体に関する業務や、財産の差押え、許認可といった権力的業務などが想定される」と示されていることを、参考として付記している。これらの情報を踏まえ、会計年度任用の職を設置する場合は、その業務の質が会計年度任用の職にふさわしいものであるかどうかを、各地方公共団体において個別に判断していく必要がある。

　②の「フルタイム勤務とすべき標準的な業務の量がある職」の判断基準については、地方公務員法22条の2第1項1号及び2号で明確に定義されており、1週間当たりの通常の勤務時間が常時勤務を要する職を占める職員と同一の時間であるものはフルタイム、短い時間であるものはパートタイムと位置づけられている。

④ 会計年度任用職員の採用と再度の任用に係る留意点

　一般職である会計年度任用職員の採用に当たっては、地方公務員法の平等取扱いの原則や成績主義に基づき、ホームページ上で公開する等できる限り広く募集を行い、年齢や性別に関わりなく均等な機会を与え、客観的な能力実証を行う必要がある。なお、その採用は、競争試験によることを原則とする常勤職員とは異なり、競争試験又は選考によることができる（地公法22の2Ⅰ）。よって、会計年度任用職員の採用に当たっての能力実証では、面接や書類選考といった方法をとることができる。また、会計年度任用職員を採用する際は、常勤職員と同様に条件付採用期間の設定が必要となるが、

その期間は、常勤職員の６月に対し、会計年度任用職員では原則１月となる（地公法22の２Ⅶ）。

　会計年度任用職員の任期は、最長で一会計年度であるが（地公法22の２Ⅰ・Ⅱ）、同一の職務内容の職が翌年度設置され、同一の者が平等取扱いの原則や成績主義の下、客観的な能力実証を経て再度任用されることはあり得るものとされている。ただしこれは、当該職員の任期が延長されたとか、同一の職が再度設置された、ということではなく、年度ごとに職の必要性が吟味されることにより「新たに設置された職」に、選考の結果として、再び当該職員が任用されるということに過ぎない。そのため、選考に際し適切な能力実証を経ず、当該職員を事実上の任期延長のように更新し続けることは不適切である。また、逆に任用の回数や年数が一定数に達していることのみを理由として、当該職員に対し翌年度の応募制限をかけることも不適切である。

3 経験者採用

経験者採用とはどのようなものか。

　これまでの日本の企業における採用形態は、新規学卒者の4月一括採用が主流であったが、より優秀な人材を確保するため、多様な採用形態を取り入れる企業が増えている。春秋採用や通年採用等はその典型的な例であるが、これには、いくつかの要因が挙げられる。

　その第1は新規学卒者の減少である。今後、新規学卒者が減少し、新規学卒者だけでは必要な労働力が確保できなくなると考えられるため、多様な採用ルートを用意することが必要となったことによる。

　次に、労働者の転職志向の高まりである。能力主義人事管理の進展により、転職による不利益が小さくなり、労働者が転職しやすい環境が整いつつある状況の中で、企業は、その人材ニーズの変化に応じ、少しでも優秀な人材を確保するために多様な採用戦略をとったのである。

　このような状況は、公務においても同様であり、行政の複雑・高度化、国際化等の進展に伴い、これまで以上に高い専門的知識や能力等が公務員に求められるようになってきている。

　こうした流れを受け、実務経験等により高度の専門的な知識経験を有する民間の人材や、公務と異なる分野での多様な経験等を有する民間の人材などを円滑に採用し、公務の活性化に資するため、国では、新たな人事院規則（公務の活性化のために民間の人材を採用する場合の特例）を制定し、平成10年4月1日から施行している。

　具体的には、以下の3パターンが示され、採用手続等が規定されている。

① 弁護士など、実務経験等により高度の専門的な知識経験を有する民間の人材を採用する場合で、このような人材を公務部内で確保することが困難であるとき

② 新規の行政需要に対応するため、実務経験等により公務に有用な資質等を有する民間の人材を採用する場合で、公務部内で確保することが困難又は十分に確保できないとき

③ ＮＧＯなど公務と異なる分野における多様な経験等を通じて公務に有用な資質等を有する民間の人材を採用する場合で、公務の能率的運営に資すると認められるとき

　また、平成18年度からは、人材の流動化など雇用・労働情勢が変化する中で、公務における民間人材の採用を推進し、各府省が必要とする人材を年齢にかかわりなく選考により採用できるようにするため、募集や能力実証の一部を人事院が担う経験者採用システムが導入されていたが、平成24年度からは採用試験体系の再編に伴い、総合職試験（院卒者試験）法務区分及び経験者採用試験に原則移行した。

　地方公共団体（都道府県及び政令指定都市）においても、民間活力の導入による行政の活性化やＵターン希望者の採用促進等を主な目的として、経験者（中途）採用制度を導入している。

　なお、一定の職務経験を有することを要件として募集・採用を行っている経験者採用は、地方公務員法における平等取扱いの原則などに基づき、受験時の年齢制限を設けることは適当ではないとされている。このため、経験者採用では幅広い年齢の職員を採用することが期待されることから、本制度の活用により職員の年齢構成の平準化も期待できる。

　また、近年の人事院勧告において、経験者採用の一層の活用について言及されていることから、本制度は今後さらに進展していくものと考えられる。

Q 4　任期付採用

任期付採用とはどのようなものか。

　地方行政の高度化・専門化が進み、公務部外の専門的な人材を一定期間活用する必要性が高まっていることから、公務部内では得られにくい専門性を備えた人材を活用するために整備された制度である。平成12年に任期付研究員、同14年には任期付職員の採用等に関して法律が整備された。その後、地方公務員制度における任用・勤務形態の多様性を拡げることを目的にいくつかの類型が加えられている。

　なお、他の法律により任期を定めて任用することとされている職を占める職員（公立大学の学長及び部局長並びに教育委員会の教育長）や非常勤職員などは対象外である。

1　根拠法
○地方公共団体の一般職の任期付職員の採用に関する法律（平成14年法律第48号）
○地方公共団体の一般職の任期付研究員の採用等に関する法律（平成12年法律第51号）

2　任期付職員、研究員の類型
　任期付職員及び研究員の主な類型は以下のとおりである。このうち、任期付職員の採用に関する条例はすべての都道府県及び政令指定都市において制定されており、研究員の採用に関する条例は、43

の都道府県及び2つの政令指定都市で制定されている（平成29年4月1日現在）。

なお、任期付職員について条例が制定されている場合でも、特定任期付職員及び一般任期付職員以外の類型については、制定されていない団体もある。

(1) 任期付職員

・特定任期付職員（任期付採用法3Ⅰ）

行政部内では得難いような特定の専門分野における高い専門性等を有するものを採用し、その者の有する専門的な知識・経験又は優れた見識を特定の行政課題の処理等に活用するもの。

・一般任期付職員（任期付採用法3Ⅱ）

業務に必要な専門性を有する人材の確保・育成に時間がかかる等の人事管理上又は業務上の事情から、一定期間一定の専門性を有する者を採用するもので以下のいずれかに該当する場合のもの。

① 専門的な知識経験を有する職員の育成に相当の期間を要するため、一定期間適任の職員を部内で確保し難い場合

② 急速に進歩する技術等その性質上、専門的な知識経験を有効に活用できる期間が限られる場合

③ その他前記2つに準ずる場合として条例で定める場合

・4条任期付職員（任期付採用法4Ⅰ）

以下の業務について、期間を限って従事させることが公務の能率的運営を確保するために、条例で定めるところにより、職員を任期を定めて採用するもの。

① 一定の期間内に終了することが見込まれる業務

② 一定の期間内に限り業務量の増加が見込まれる業務

・任期付短時間勤務職員（任期付採用法5Ⅰ～Ⅲ）

① 前記の「4条任期付職員」に掲げた業務のいずれかに従事さ

せることが公務の能率的運営を確保するために必要である場合
に、条例で定めるところにより、短時間勤務職員を任期を定め
て採用するもの

②　①のほか、住民に対して職員により直接提供されるサービス
について、その提供時間を延長し、若しくは繁忙時における提
供体制を充実し、又はその延長した提供時間若しくは充実した
提供体制を維持する必要がある場合において、短時間勤務職員
を当該サービスに係る業務に従事させることが公務の能率的運
営を確保するために必要であるときに、条例で定めるところに
より、短時間勤務職員を任期を定めて採用するもの

③　前記の２つのほか、職員が次に掲げる承認（２については、
承認その他の処分）を受けて勤務しない時間について短時間勤
務職員を当該職員の業務に従事させることが当該業務を処理す
るため適当であると認める場合に、条例で定めるところによ
り、短時間勤務職員を任期を定めて採用するもの

　１　地方公務員法26条の２第１項又は26条の３第１項の規定に
よる承認（修学部分休業、高齢者部分休業）

　２　育児休業、介護休業等育児又は家族介護を行う労働者の福
祉に関する法律（平成３年法律第76号）61条６項の規定によ
り読み替えて準用する同条３項から５項までの規定を最低基
準として定める条例の規定による承認その他の処分

　３　地方公務員の育児休業等に関する法律（平成３年法律第
110号）19条１項の規定による承認

(2)　任期付研究員

・招へい型研究員（任期付研究員法３Ⅰ①）

　当該研究分野に係る高度の専門的な知識経験を必要とする研究業
務に従事させるもの。

・若手育成型研究員（任期付研究員法３Ⅰ②）

　当該研究分野における先導的役割を担う有為な研究者となるために必要な能力のかん養に資する研究業務に従事させるもの。

5 外国人の採用

外国人を採用する場合の基本的考え方は何か。

　一般に公務員となるに当たり日本国籍を必要とする旨の明文の規定はないが、政府は、公権力の行使又は国家意思への参画に携わる公務員となるためには日本国籍を必要とし、それ以外の公務員となるためには必ずしも日本国籍を必要としないものと解している（昭和28年３月25日内閣法制局第一部長回答）。

　地方公務員についても、「公務員の当然の法理に照らして、地方公務員の職のうち公権力の行使又は地方公共団体の意思の形成への参画に携わるものについては、日本の国籍を有しないものを任用することはできない。また、公権力の行使又は地方公共団体の意思の形成への参画に携わる職につくことが将来予想される職員の採用試験において、日本の国籍を有しない者にも一般的に受験資格を認めることは適当ではない。」（昭和48年５月28日自治省公務員第一課長回答）とされているように、「公権力の行使又は公の意思の形成への参画に携わる公務員となるためには日本国籍を必要とし、それ以外の公務員となるためには必ずしも日本国籍を必要としない」という公務員に関する基本原則は、国家公務員のみならず地方公務員の場合も同様であると解されている。

　したがって、その本来的業務が「公権力の行使又は公の意思の形成への参画」に携わることにならない保健師、助産師、看護師等の専門的・技術的な職種や専ら技術的・機械的労務を提供する職種は、必ずしも日本国籍を有することを必要としない職種と考えられ

ている。

　しかし、平成8年11月22日の自治大臣（当時）の談話において、国と地方公共団体とでは、その仕事の中身が異なり、地方公共団体の組織機構・職制等も様々であることから、「公権力の行使又は公の意思の形成への参画」に携わる地方公務員であるかどうかについては、一律にその範囲を確定することは困難であり、各地方公共団体において職務内容を検討の上、具体的に判断されるべきものとの考えが示された。さらに、一般事務職については通常の場合は、「公権力の行使又は公の意思の形成への参画」に携わる職につくことが将来予想される職種であるため、採用試験において国籍要件を外すことは適当ではないとされてきたが、各地方公共団体において、公務員に関する基本原則を踏まえた任用の確保と適切な人事管理の運用という点について、制度的にも運用の面においても工夫をし、適切な措置を講じる場合には、解決の道が開かれるとの考えが示された。

　したがって、外国人の採用については、基本的にこの考え方を踏まえて、各地方公共団体において独自に判断することになる。

　多くの都道府県や政令指定都市では、従来から看護師等の一部職種について国籍要件を外してきたが、現在では政令指定都市の多くが、採用試験において一般事務職の国籍要件を何らかの形で外している。いずれの団体もそれぞれ独自の判断で、公務員に関する基本原則に抵触しない範囲で外国人の採用機会の拡大を図ったものである。

　「公権力の行使」とは、一般的に統治権の発動として行われる行為を広く指し示すものであり、国又は地方公共団体が人の権利義務を直接変動させ、又はその範囲を確定する効果を法律上認められている行為など、人の権利義務に直接具体的な効果を及ぼす行為とされている。「公権力の行使」に該当し、日本国籍を有しない者が従事できない業務は、各団体がそれぞれ独自に定めており、具体的に

は税の賦課や滞納処分、都市計画決定、土地収用、建築制限、施設の設置許可、立入り検査などが挙げられている。

　また、「公の意思形成への参画」とは、一般的に国・地方公共団体の活動について、その企画、立案、決定等に関与することとされている。たとえば、川崎市では運用規程を定め、「公の意思形成への参画」に携わる職は、ラインの課長級以上の職であるとし、上記「公権力の行使」に該当しない職務又はラインの課長級以上の職を除くすべての職へ外国人を任用することが可能になっている。

6　外国人の採用事務手続

外国人を採用する手続上の留意事項はどのようなことか。

外国人の採用手続は、原則的には、日本人の採用手続と同様である。

しかし、我が国に在留する外国人は、入国の際に与えられた在留資格の範囲内で、定められた在留期間に限って就労等の在留活動が認められているため、採用しようとする職務の内容が、当該外国人の在留資格の範囲内の活動か否か、在留期間が過ぎていないかを確認する必要がある。

以下、その概要について説明する。

① 在留資格及び在留期間の種類について

外国人の在留資格や在留期間は、すべて出入国管理及び難民認定法（以下「入管法」という。）に規定されている。現在、入管法上の在留資格は29種類あるが、大きく、Ａ「活動に基づく在留資格」とＢ「身分又は地位に基づく在留資格」に分けられる（以下〈　〉内は在留期間）。

　Ａ　「活動に基づく在留資格」

　　１　各在留資格に定められた範囲での就労が可能な在留資格

　　　「外交」〈外交活動の期間〉、「公用」〈5年、3年、1年、3月、30日又は15日〉、「教授」「報道」「医療」「研究」等〈5年、3年、1年又は3月〉、「経営・管理」〈5年、3年、1年、6月、4月又は3月〉等

　2　就労はできない在留資格

　　「文化活動」〈3年、1年、6月又は3月〉、「短期滞在」〈90日若しくは30日又は15日以内の日を単位とする期間〉、「留学」〈法務大臣が個々に指定する期間（4年3月を超えない範囲）〉等

　3　個々の外国人に与えられた許可の内容により就労の可否が決められる在留資格

　　「特定活動（法務大臣が個々の外国人について特に指定する活動）」〈5年、3年、1年、6月、3月又は法務大臣が個々に指定する期間（5年を超えない範囲）〉

B　「身分又は地位に基づく在留資格」（就労に制限はない。）

　　「永住者」〈無期限〉、「日本人の配偶者等」「永住者の配偶者等」〈5年、3年、1年又は6月〉

　　「定住者」〈5年、3年、1年、6月又は法務大臣が個々に指定する期間（5年を超えない範囲）〉

　なお、これらの入管法上の在留資格とは別に、いわゆる在日韓国・朝鮮人等の「特別永住者」は、活動内容に制限はない。

2　在留資格及び在留期間の確認について

　在留資格や在留期間は、旅券（パスポート）面の上陸許可証印、在留カード等により確認する。

(1)　旅券（パスポート）面の上陸許可証印

　在留期間の更新や在留資格の変更を行っている場合は、それぞれの許可証印が旅券面に押印されるので、時系列的に最新のものを確認する。

(2) 在留カード（旧外国人登録証明書）

令和2年3月1日以降に、雇入れ、離職をした外国人についての外国人雇用状況の届出においては、在留カード番号の記載が必要となる。

3 外国人雇用状況の通知について

平成19年に雇用対策法が改正され、国又は地方公共団体が新たに外国人を雇い入れた場合又はその雇用する外国人が離職した場合には、政令の定めるところにより厚生労働大臣に通知するものとされた。

7　欠格事由の確認

　地方公務員法16条に定められている欠格条項に、採用予定者が該当しないことを、どのように確認するか。

　地方公務員法は、16条で欠格条項として次の４つの場合を定めている。これらに該当する場合は、条例で定める場合を除いて、職員となり、又は競争試験若しくは選考を受けることができない。

(1)　禁錮以上の刑に処せられ、その執行を終わるまで又はその執行を受けることがなくなるまでの者

(2)　当該地方公共団体において懲戒免職の処分を受け、当該処分の日から２年を経過しない者

(3)　人事委員会又は公平委員会の委員の職にあって、第５章（罰則）に規定する罪を犯し刑に処せられた者

(4)　日本国憲法施行の日以後において、日本国憲法又はその下に成立した政府を暴力で破壊することを主張する政党その他の団体を結成し、又はこれに加入した者

　また、民法の一部を改正する法律附則３条３項の規定により、従前の例によることとされる準禁治産者も同様の取扱いとされる。

　したがって、任命権者は、これらの要件に該当する者を職員として採用することはできないため、採用予定者について欠格条項に該当するかの確認をしなければならない。

　具体的には、(1)又は民法の一部を改正する法律附則３条３項の規定により、従前の例によることとされる準禁治産者かについては、採用予定者の本籍地の市町村に照会することになる。この照会は、

犯罪人名簿の確認にも及ぶため、採用予定者の人権に十分配慮する必要がある。(2)、(3)及び(4)については任命権者が個別に確認する必要がある。具体的には、競争試験等の申込書において、前記欠格条項に該当しないことを受験者に確認するのが一般的である。

　欠格条項に該当する者を採用した場合は、その事実が判明した時点で、採用そのものが当然に無効となる。

退　職

Q

8　勧奨退職制度

勧奨退職とはどのような制度か。

　地方公務員法では、定年退職についての定めがある（地公法28の6）が、多くの地方自治体では、定年制の導入とあわせて人事の刷新と行政能率の向上を図るため、勧奨退職制度も整備している。その勧奨退職制度は、任命権者が、定年年齢到達以前で年齢や勤続年数に関する一定の要件に該当する職員に対して退職を勧め、これに応じて退職した場合、定年までの残年数に応じて、退職手当を一定比率で加算する方法が一般的である。

　勧奨の要件や退職手当の加算の比率については、勧奨による退職を積極的に進めるのか、あるいは抑制するのかで異なってくる。

　たとえば、大量退職が将来的に予想される場合に退職の前倒しを進め、歪みのある年齢構成を是正し、一時に大量退職が発生することを緩和する必要がある場合は、年齢要件を引き下げるなど、勧奨要件を拡充することもある。

　逆に、新たな人材の確保が困難な場合等、マンパワーとして活用し得る人材の流出を抑制する必要がある場合は、勧奨退職に該当する事由をある程度限定し、個別的に判断していく制度運用を行うことになる。

　なお、勧奨退職は、あくまで勧奨行為に応じて退職を申し出た職員に対して優遇措置を図るものであり、勧奨されていない職員の自己都合退職とは明確に区別する必要がある。このため、職員が提出

する辞職の申出の書面については、勧奨による退職である旨明らかとなるよう留意する必要がある。

　また、勧奨行為は、職員の自発的な退職意思を形成させるための誘因であり、職員の申出（退職の同意）があって初めて勧奨退職となるものである。したがって、特定の職員を対象とした必要以上の勧奨は違法性を帯びる可能性があるので、慎重に対応する必要がある。

9 転職（職種変更）の方法

採用時と異なる職種への転職手続はどのような方法が考えられるか。

1 職制若しくは定数の改廃による過員

正式任用されていた職員が職制や定数の改廃、予算の減少により廃職又は過員によって離職した後、再び当該地方公共団体に採用されるときは、人事委員会（人事委員会を置かない場合は任命権者）は、再採用の際の資格要件、任用手続、及びその際の身分について必要な事項を定めることができる（地公法17の2Ⅲ）。

しかし、現実の運用においては、たとえば行革の一環として人員減を行うような場合でも、退職、再採用を行うことは困難であり、この制度は実際には機能していない。職制や定数の改廃等により職種がなくなった場合は、当該地方公共団体の中で他の職種に転職させて活用していく方法が現実的である。

2 転職の意義

地方公務員法上、転職という用語は使われていないが、一般的には、職員が現に属する職種から他の職種に転ずることを転職という。また、職種とは、職務をその種類の類似性により分類したもので、各地方公共団体の実情に応じ様々に区分されている。

職員の採用は、競争試験又は選考によるが、その際、おおむね職種に応じた試験区分を設定し、区分ごとに受験資格を定め、また試験の出題範囲についても採用する職種に必要な専門知識や職務遂行

能力を判定できる内容としているのが一般的である。したがって、職員の転職に当たっては、本人希望による採用選考の受け直しのほかは、任命権者が、人事評価その他の能力実証に基づき、「職」に求められる標準職務遂行能力及び適性を踏まえて実施する必要がある。

③ 転職選考の方法

　人事委員会を置く地方公共団体は、採用、昇任、降任又は転任のうちいずれによるべきかについての一般的基準を定めることができる（地公法17Ⅱ）。転職についても、転職事由などといった事項について、この一般基準により定めておくことが適当であろう。

　転職事由としては、①職制若しくは定数の改廃又は予算の減少により、廃職又は過員が生じる場合、②心身の故障のため、職務の遂行に支障があり、あるいはその職に必要な適格性を欠き、転職することによりその障害を除去できる場合、③その他業務上の必要がある場合、などが考えられる。

　また、任命権者は、転職選考の実施に当たって、要綱等で転職させる職種に対して、選考の対象となることができる職種、必要な資格要件、選考の方法等や給与の決定基準等を定めておくことが望ましい。

　なお、現業系の職員を他の現業系の職に転職させる場合は、前記のような方法による転職でよいが、事務職へ転職させる場合で事務職の採用試験と同程度の能力実証が難しいときは、特例的な転職として、取扱いを別に定めることが妥当と思われる。

Q

10　退職管理

平成28年度施行の改正地方公務員法に規定された退職
管理制度とはどのような制度か。

1　地方公務員法の改正内容

　平成28年4月1日に施行された改正地方公務員法では、地方公共
団体における退職管理制度が新規に規定された。この改正によっ
て、①元職員による働きかけの禁止（地公法38の2Ⅰ～Ⅵ・Ⅷ）、
②働きかけ規制違反に対する人事委員会又は公平委員会による監視
体制の整備（同法38の3～38の5）について、対応が義務付けられ
ている。あわせて、地方公共団体は、国家公務員法中の退職管理に
関する規定の趣旨及び当該地方公共団体の職員の離職後の就職の状
況を勘案し、退職管理の適正を確保するために必要と認められる措
置を講ずるよう求められている（地公法38の6）。

2　元職員による働きかけの禁止

　地方公務員法38条の2において、営利企業等に再就職した元職員
は、離職前の職務に関して、現職職員に対し、職務上の行為をする
ように、又はしないように要求若しくは依頼すること（以下「働き
かけ」という。）を禁止されている。ここでいう離職前の職務とは、
売買、貸借、請負その他の契約又は当該営利企業等若しくはその子
法人に対して行われる行政手続法2条2号に規定する処分に関する
事務を指している。この規制については、再就職者の離職前の職層
及び働きかけの内容によって、次のとおり規制の内容・対象期間が

異なっている。

① すべての再就職者

　　離職前5年間の職務に関して離職後2年間の働きかけが禁止
される（地公法38の2Ⅰ）とともに、在職中に自らが決定した
契約又は処分に関する働きかけが期間の定めなく禁止される
（同法38の2Ⅴ）。

② 長の直近下位の内部組織の長又はこれに準ずる職（人事委員
会規則で規定）にあった者

　　離職前5年間に限らず、当該職に就いていたときの職務に関
して、離職後2年間の働きかけが禁止される（地公法38の2Ⅳ）。

③ 国家行政組織法21条1項に規定する部長又は課長の職に相当
する職（人事委員会規則で規定）にあった者

　　地方公共団体の組織の規模その他の事情に照らして必要があ
ると認めるときは、条例により、離職前5年間に限らず、当該
職に就いていたときの職務に関して、離職後2年間の働きかけ
を禁止することができる（地公法38の2Ⅷ）。

なお、以下の場合については働きかけ規制の適用除外となる旨が
地方公務員法38条の2第6項に規定されている。

① 試験、検査、検定その他の行政上の事務であって、法律の規
定に基づく行政庁による指定若しくは登録その他の処分を受け
た者が行う当該指定等に係るものを遂行するために必要な場合
（地公法38の2Ⅵ①）

② 行政庁から委託を受けた者が行う当該委託に係るものを遂行
するために必要な場合（同法38の2Ⅵ①）

③ 地方公共団体又は国の事務・事業と密接な関連を有する業務

として人事委員会規則で定めるものを行うために必要な場合（同法38の2 Ⅵ①）

④　行政庁に対する権利・義務を定めている法令又は地方公共団体との間で締結された契約に基づき、権利を行使し義務を履行する場合、行政庁の処分により課された義務を履行する場合及びこれらに類する場合として人事委員会規則で定める場合（同法38の2 Ⅵ②）

⑤　行政庁に対し許認可等を求める申請を行う場合（同法38の2 Ⅵ③）

⑥　行政庁に対し届出を行う場合（同法38の2 Ⅵ③）

⑦　一般競争入札又はせり売りの手続に従い、売買、貸借、請負その他の契約を締結するために必要な場合（同法38の2 Ⅵ④）

⑧　法令の規定により又は慣行として公にされ、又は公にすることが予定されている情報の提供を求める場合（公開予定の情報を予定日より前に開示するよう求める場合を除く。）（同法38の2 Ⅵ⑤）

⑨　公務の公正性の確保に支障が生じないと人事委員会規則で定める場合において、人事委員会規則で定める手続により任命権者の承認を得て、再就職者が当該承認に係る契約等事務に関して、働きかけを行う場合（同法38の2 Ⅵ⑥）

③　働きかけ規制違反に対する人事委員会又は公平委員会による監視体制の整備

　地方公務員法では、前述の働きかけに対する規制に関して、人事委員会又は公平委員会による監視体制の整備について規定されている。具体的には、①禁止されている働きかけを受けた職員に対する人事委員会又は公平委員会への届出義務（地公法38の2 Ⅶ）、②規

制違反が疑われる場合及び規制違反に関する調査を行った場合の任命権者による人事委員会又は公平委員会への報告義務（同法38の3・38の4）、③人事委員会又は公平委員会による、規制違反に関する任命権者への調査要求権や調査経過の報告要求権等（同法38の5・38の4）である。

④　働きかけ規制等の違反に対する罰則

　地方公務員法では、前述の働きかけ規制等の違反に対し、以下の罰則が規定されている。

①　元職員による働きかけ
- ・元職員が現職職員に対し働きかけをした場合（不正な行為をするよう働きかけた場合を除く。）
　元職員に対し、10万円以下の過料（地公法64）
- ・元職員が現職職員に対し不正な行為をするように働きかけた場合
　元職員に対し、1年以下の懲役又は50万円以下の罰金（同法60Ⅳ〜Ⅶ）
- ・職員が元職員の働きかけに応じて不正な行為を行った場合
　職員に対し、1年以下の懲役又は50万円以下の罰金（同法60Ⅷ）
- ・職員が元職員から働きかけを受けた事実を人事委員会等へ届け出なかった場合
　懲戒処分の対象（同法29Ⅰ）

②　再就職先のあっせん
- ・職員が不正な行為をすること等の見返りとして、営利企業等に対して他の職員又は元職員を当該営利企業等の地位に就かせることを要求・依頼した場合

あっせんを行った職員に対し、３年以下の懲役（同法63）

③　求職活動

・職員が不正な行為をすること等の見返りとして、営利企業等に対して、自身が当該営利企業等の地位に就くことを要求し、又は約束した場合

求職活動を行った職員に対し、３年以下の懲役（同法63）

⑤　その他退職管理に必要と認められる場合に地方公共団体が講じる措置

前述の働きかけ規制及び働きかけに対する監視に加え、その他退職管理の適正確保に必要と認められる場合に、地方公共団体は条例により規制等の措置を講じる必要がある（地公法38の６）。その際、国家公務員法中の退職管理に係る規定（国家公務員法106の２～106の27）の趣旨及び地方公共団体の職員の離職後の就職の状況について勘案することが求められている。

国家公務員法に規定される退職管理制度として、たとえば以下のようなものが挙げられる。

①　再就職のあっせん規制

職員が、営利企業等に対し、再就職させることを目的として、他の職員等に関する情報を提供、再就職先の地位に関する情報提供を依頼することを禁止。あわせて、他の職員等に関する再就職を要求又は依頼することを禁止（国家公務員法106の２）

②　職員の求職活動規制

職員が利害関係企業等に対し、再就職を目的として、自己に関する情報を提供、再就職先の地位に関する情報提供を依頼することを禁止。あわせて、再就職を要求又は約束することを禁

止（同法106の３）

③　再就職状況の公表義務

　　管理職から内閣総理大臣へ届出のあった再就職情報について、内閣総理大臣は内閣に報告し、内閣がとりまとめて公表（同法106の25）

　また、地方公務員法38条の６第２項において、条例により、元職員に対して再就職情報の届出義務を課すことができる旨、規定されている。なお、この届出義務の違反に対して、条例により10万円以下の過料を科すことができる（地公法65）。

　以上のように、地方公共団体においては、国の制度を参考にしつつ、団体ごとに条例により退職管理制度を整備することが求められている。これに当たっては、職員若しくは元職員の職業選択の自由に配慮しながらも、昨今いわゆる「天下り」への批判が強まっている情勢を勘案し、職員の再就職に関して透明性・公正性を確保する必要がある。あわせて、国の官民人材交流センターや再就職等監視委員会をはじめとした取組や各地方公共団体の退職管理制度の状況等を注視していくことが重要である。

その他

Q 11 定年引上げと関連する諸制度

職員の定年年齢の引上げと、これに伴い開始する諸制度の留意点は何か。

1 改正法の趣旨

少子高齢化が進み、生産年齢人口が減少する我が国においては、複雑高度化する行政課題への的確な対応などの観点から、能力と意欲のある高齢期の職員を最大限活用しつつ、次の世代にその知識、技術、経験などを継承していくことが必要であるため、国家公務員について、定年が段階的に引き上げられるとともに、組織全体としての活力の維持や高齢期における多様な職業生活設計の支援などを図るため、管理監督職勤務上限年齢による降任及び転任並びに定年前再任用短時間勤務の制度が設けられた。

地方公務員については、国家公務員の定年を基準としてその定年を条例で定めることとされており、令和3年6月、定年の引上げにあわせて、管理監督職勤務上限年齢制や定年前再任用短時間勤務制の導入など、国家公務員と同様の措置を講ずる地方公務員法改正が行われた。

2 定年の引上げ

地方公務員の定年は、国家公務員の定年を基準として条例で定めるものとされており、国家公務員の定年が段階的に引き上げられる期間においても同様に規定されている（地公法28の6Ⅱ・附則

XXI）。国家公務員の定年の段階的な引上げは以下のとおり行われることとなっており、特別の合理的理由がない限り、各地方公共団体はこの内容により条例を定める必要がある。

令和5年3月31日まで	定年60歳
令和5年4月1日から令和7年3月31日まで	定年61歳
令和7年4月1日から令和9年3月31日まで	定年62歳
令和9年4月1日から令和11年3月31日まで	定年63歳
令和11年4月1日から令和13年3月31日まで	定年64歳
令和13年4月1日から	定年65歳

③ 管理監督職勤務上限年齢制

(1) 趣旨

　管理監督職勤務上限年齢制（いわゆる「役職定年制」）は、職員の新陳代謝を計画的に行うことにより組織の活力を維持し、もって公務能率の維持増進を図ることを目的とするものである。

　具体的には、①管理監督職（いわゆる「役職定年制」の対象とする職として条例で定めるものをいう。以下同じ。）を占めている職員について、管理監督職勤務上限年齢に到達後、管理監督職以外の職等へ降任又は転任（降給を伴う転任に限る。）させるとともに、②管理監督職勤務上限年齢に達している者について、管理監督職に新たに任命できないこととするものである。

(2) 管理監督職の範囲及び管理監督職勤務上限年齢

　管理監督職の範囲及び管理監督職勤務上限年齢は、各地方公共団体の条例で定めるものであるが、条例を定めるに当たっては、国及び他の地方公共団体の職員との間に権衡を失しないように適当な考慮が払わなければならないこととされており（地公法28の2Ⅲ）、組織の新陳代謝を確保し、組織活力を維持するという管理監督職勤

務上限年齢制の趣旨に沿って、特に以下の事項に留意の上、適切な措置を講じる必要がある。

ア　管理監督職勤務上限年齢制の対象となる管理監督職の範囲

①　②を除き地方自治法204条2項に規定する管理職手当を支給されるすべての職員の職及びこれに準ずる職（地方独立行政法人の職のうち地方自治法上の管理職手当を支給される職員の職に相当する職などが想定される。）を管理監督職勤務上限年齢制の対象となる管理監督職として、条例で定める必要がある。

②　国の制度との均衡の原則に則り、職務と責任に特殊性があること又は欠員の補充が困難であることにより管理監督職勤務上限年齢制を適用することが著しく不適当と認められる職については、管理監督職勤務上限年齢制の対象となる管理監督職の範囲から除外することが考えられる。

イ　管理監督職勤務上限年齢の設定

①　条例で定めるものとされている管理監督職勤務上限年齢は、②を除き60歳とする必要がある。

②　国の制度との均衡の原則に則り、職務と責任に特殊性があること又は欠員の補充が困難であることにより管理監督職勤務上限年齢を60歳とすることが著しく不適当と認められる管理監督職については、61歳から64歳とすることが考えられる。

(3)　管理監督職勤務上限年齢による降任等の特例

(2)ア及びイに記載した管理監督職からの除外や管理監督職勤務上限年齢の例外が、対象となっている職の性質（職務・責任の特殊性や欠員補充の困難性）に対応して特別の定めをするものであるのに対し、以下に記載する管理監督職勤務上限年齢による降任等の特例（以下「特例任用」という。）は、対象となっている職員又は職員グループの性質（職務遂行上の事情や降任等に伴う欠員補充の困難

性）に対応して特別の定めをするものである。

ア　職務の遂行上の特別の事情がある場合等の特例任用

　　職務の遂行上の特別の事情を勘案して、又は職務の特殊性から欠員の補充が困難となることにより、管理監督職を占める職員の降任等により公務の運営に著しい支障が生ずると認められる場合には、引き続き当該職員に、当該管理監督職を占めたまま勤務させることができるものである（地公法28の5Ⅰ）。

イ　特定管理監督職群に属する職員の特例任用

　　管理監督職を占める職員の他の職への降任等により、特定管理監督職群（職務の内容が相互に類似する複数の管理監督職であって、これらの欠員を容易に補充することができない年齢別構成その他の特別の事情がある管理監督職）の欠員の補充が困難となることにより公務の運営に著しい支障が生ずると認められる場合の特例であり、当該管理監督職を引き続き占めたまま勤務させることができるほか、当該特定管理監督職群に含まれる他の管理監督職への転任又は降任も可能である（地公法28の5Ⅲ）。

④　定年前再任用短時間勤務制

(1)　趣旨

　定年の引上げ後においては、60歳以降の職員について、健康上、人生設計上の理由等により、多様な働き方を可能とすることへのニーズが高まると考えられる。

　これに対応するため、職員の希望に基づき、一定年齢（国の職員につき定められている年齢（60歳）を基準として条例で定める年齢）に達した日以後に退職した職員について、従前の勤務実績等に基づく選考の方法により短時間勤務の職に採用できることとされている（地公法22の4Ⅰ）。

　なお、定年前再任用短時間勤務制は、定年引上げにより65歳まで
フルタイムで勤務することが原則となる中で、定年退職者等を採用
する旧再任用制度とは異なり、職員が短時間勤務を希望する場合に
本人の意思により一旦退職した上で採用される仕組みであり、任命
権者が定年前再任用短時間勤務を強要し、職員の意思に反して定年
前再任用短時間勤務の職に採用することはできないものである。

　(2)　定年前再任用短時間勤務職員の任期

　定年前再任用短時間勤務制においては、短時間勤務の旧再任用制
度と異なり、任期を1年以内の更新ではなく定年退職日相当日まで
とされている。

5 情報提供・意思確認制度

　定年の引上げ、管理監督職勤務上限年齢制など、60歳以降に適用
される任用や給与がこれまでと異なるものとなることから、次年度
に60歳に達する職員に対し、定年前再任用短時間勤務制や管理監督
職勤務上限年齢制、給与引下げの措置等の60歳に達する日以後に適
用される任用、給与及び退職手当に関する措置の内容などについて
丁寧な情報提供を行うとともに、職員が60歳に達する日の翌日以後
の勤務の意思を確認するよう努めることとされている（地公法附則
XX及び改正法附則2Ⅲ）。

　また、60歳以降の勤務の意思を有していない職員については、別
途、辞職の手続をとる必要がある。

6 給料

　(1)　国家公務員において、当分の間、職員の俸給月額は、職員
　が60歳（旧特例定年が定められている職員に相当する職員として
　人事院の規則で定める職員については、当該特例定年の年齢）に

達した日後における最初の４月１日（以下「特定日」という。）以後、当該職員に適用される俸給表の俸給月額のうち、当該職員の受ける号俸に応じた額に100分の70を乗じて得た額とされている（以下「俸給月額７割措置」という。）。また、管理監督職勤務上限年齢制により降任等をされた職員であって、引き続き同一の俸給表の適用を受ける職員については、当分の間、特定日以後、俸給月額７割措置を適用した上で、降任等される前の俸給月額の７割と降任等された後の俸給月額の７割との差額に相当する額を俸給として支給することとされている。

　地方公共団体においては、原則としてこれらの国家公務員の取扱いに基づき、条例を定める必要がある。

　(2)　なお、国家公務員において、定年引上げ前の定年年齢が60歳を超え64歳を超えない年齢とされている職員に相当する職員については、60歳を超えても、特定日の前日までは俸給月額の10割が支給されることとされている。

　(3)　また、①臨時的職員その他の法律により任期を定めて任用される職員及び常勤を要しない職員、②定年引上げ前の定年年齢が65歳とされている職員に相当する職員として人事院の規則で定める職員、③管理監督職を占める職員のうち、「職務の遂行上の特別の事情」又は「職務の特殊性による欠員補充の困難性」により、管理監督職勤務上限年齢を超えて、引き続き同職を占める職員等については、60歳超の職員であっても上記に該当する職員である限りにおいて、俸給月額７割措置が適用されず、俸給月額の10割が支給されることとされている。

　(4)　地方公共団体においては、(2)及び(3)の国家公務員の取扱いを考慮し、条例において措置を講じることが適当とされている。

7 諸手当等（退職手当を除く。）

(1) 定年引上げに伴う60歳超の国家公務員の諸手当等について、給与法附則8項の規定により俸給月額7割措置の適用対象となる職員の取扱いは、①から③のとおりとされている。

① 俸給の調整額、俸給の特別調整額、初任給調整手当及び管理職員特別勤務手当については、俸給月額の水準を調整するための手当等であることから、俸給月額が7割水準となることを踏まえ、俸給月額7割措置の適用対象とならない職員の手当等額に100分の70を乗じて得た額（その額に、50円未満の端数を生じたときはこれを切り捨て、50円以上100円未満の端数を生じたときはこれを100円に切り上げた額）とすること

② 地域手当、特地勤務手当、特地勤務手当に準ずる手当、超過勤務手当、休日給、夜勤手当、期末手当及び勤勉手当については、俸給月額等に一定率を乗ずる手当であることから、俸給月額が7割水準となることにより、当該俸給月額等に連動した額となること

③ 扶養手当、住居手当、通勤手当、単身赴任手当、特殊勤務手当、宿日直手当及び寒冷地手当については、各手当の趣旨や目的を踏まえ、俸給月額7割措置の適用対象とならない職員と同額とすること

(2) 定年引上げに伴う、60歳超の地方公務員の諸手当等については、国家公務員の取扱いを踏まえ、条例において措置を講じることが適当とされている。

8 退職手当

国家公務員において、職員が60歳（旧特例定年が定められている職員に相当する職員については、当該特例定年の年齢）に達した日

以後、その者の非違によることなく退職した者に対する退職手当の基本額は、当分の間、勤続期間を同じくする定年退職と同様に算定することとされている。また、定年の引上げに伴う俸給月額の改定は、国家公務員退職手当法５条の２に規定する俸給月額の減額改定には該当しないものとして、減額前の俸給月額が退職日の俸給月額よりも多い場合に適用される退職手当の基本額の計算方法の特例（いわゆる「ピーク時特例」）の適用対象とすることとされている。

　地方公共団体においては、これらの国家公務員の取扱いを考慮し、条例において措置を講じることとされている。

　なお、本事例で記述している内容は、令和３年８月31日付総行公第89号・総行女第40号・総行給第55号総務省自治行政局公務員部長通知「地方公務員法の一部を改正する法律の運用について（通知）」及び「定年引上げの実施に向けた質疑応答（第８版）」（令和４年12月14日付総務省作成）を基に作成している。

Q

12　昇任選考と女性枠

公務における女性の活用がさらに求められている中
で、昇任選考において女性枠を別途設けることは可能か。

1　公務職場における女性の活用

　男女を問わず、多くの職員が仕事を通じてより高い満足を得よう
とし、責任の大きなポストを積極的に目指すことは、組織活力の維
持・向上につながり望ましいことである。ところが、職員数に占め
る女性職員の割合に比較し、女性幹部の割合が小さいという状況
が、多くの地方公共団体にみられる傾向であろう。

　こうした現状に鑑み、本設問のように、昇任選考において女性枠
を設けて優先的に女性を合格させていくことが適当であるか検討
する。

2　昇任試験制度の趣旨

　職員の任用は、年功序列や情実ではなく、客観的な試験結果や人
事評価に基づいて行わなければならないと、地方公務員法において
定められている（地公法15）。職に欠員を生じた場合、任命権者は、
採用・昇任・転任・降任のいずれかにより充員することとなるが、
職員の昇任については、その方法についても地方公務員法の定めが
あり、競争試験又は選考によることとされている（地公法21の４
Ⅰ）。地方公務員法21条の４では、標準職務遂行能力及び適性を有
するかどうかを正確に判定することをもって昇任試験の目的として
いるが、選考においても成績主義の原則は適用されるため、競争試

験であるか、選考であるかを問わず、昇任時の能力実証においては、公平性、客観性、平等性がキーワードとなる。

　また、能力・実績に基づく人事管理を徹底すべく、平成28年4月1日から改正地方公務員法が施行され、職員がその職務を遂行するに当たり発揮した能力と挙げた業績を把握した上で行われる人事評価制度が導入された。人事評価は任用、給与、分限その他の人事管理の基礎とされており、昇任に係る能力の評価においても基本的な情報として活用することとされている。

③ 女性枠設定の是非

　昇任選考において、その能力実証のウエイトの置き方により、筆記試験より日常の勤務実績を重視し、職務上顕著な成績がみられた職員を優先的に合格する仕組みをつくることは、地方公共団体に与えられている人事管理上の裁量権の範囲に当然に含まれる。しかし、女性の積極的登用のために昇任選考に女性枠を設けることは、たとえそれが政策的な観点から望ましいものとしても、能力実証上の合理的理由がなく、平等取扱の原則（地公法13）に抵触・違反するといわざるを得ない。したがって、昇任選考において、性別の差を理由とした特別枠を設けることは、行うべきでない。

　昇任制度の設計としては、女性登用について、結果の平等を特別枠として担保するのではなく、まずは、機会の均等を確保すべきであり、さらには、その機会を十分に活用してもらえるような工夫を行うべきである。選考において、人事評価に加えて試験を課している場合、受験資格を有する時期と出産や育児等のライフサイクルとが重なり、試験を受験できない、あるいは受験しないケースもあるものと思われる。そのため、試験科目が複数に及ぶ場合には複数年度に分割して計画的に受験できる仕組みを導入する、育児休業期間

中においても昇任選考の受験を認める、受験資格の在職期間に育児
休業等の期間を含めるなど、職員のライフサイクルに配慮した制度
としていくことが必要である。このような配慮を行った上で、人事
主管課が積極的に受験を呼びかけ、女性職員にシグナルを送り続け
ることが、長期的にみて受験率の向上に資すると考えられる。

　いずれにせよ、問題は、昇任制度のみでは解決できない。まずは、
仕事の割当てや配置管理等を男女の別なく行い、女性職員が自らの
能力や可能性を組織の中で発揮したいという意欲を高めていくこと
が前提となろう。その上で、様々な人事施策を総合的に施すことに
より、女性が働きやすく、かつ、長期的なキャリアデザインを描け
るような環境を整えることが人事当局に求められる基本的な姿勢と
いえよう。

13　人事異動の拒否

定期異動を拒否した職員に対して、どのように対応すればよいか。

1　配置換えの目的

　配置管理は、円滑な公務運営のため、個々の職員の能力・適性を各職務において最大限に発揮させることにより、公務能率の維持・向上を図るための組織運営上重要な課題である。その直接的な目的は、おおむね次の6つに整理できる。

① 　職の充足 —— 退職補充や事業の拡縮による人員配置の過不足の調整

② 　人材の活用 —— 適材適所の配置の実現による人的資源の有効活用

③ 　人材の育成 —— 各種業務に従事させることによる職員の能力向上

④ 　組織の活性化 —— 職員の新陳代謝を通じた組織の能率回復や活性化

⑤ 　事故等の未然防止 —— 許認可や契約等の職務における汚職等の未然防止

⑥ 　人事管理上の配慮 —— 心身の故障の軽減や要介護者・子供の保育等家庭事情への配慮

　配置換えを実施する際には、各管理者や人事担当者は、これらの目的に照らし、本人の希望や関係職員からの意見聴取、経験年数や業績、他職員とのバランス等、公平で公正な異動を心掛け、組織や

職員定数等の制約の中で納得のできる異動案の立案に努めていることと考えられる。目的の中でも重要な「人材の育成」や「組織の活性化」を図るために、個々の職員の希望に反して異動させる場合もあろう。異動を内示したところ、職員に拒否される可能性もあるが、まず配置換えの法的根拠を正確に押さえておく必要がある。

２　配置換えの法的根拠

　地方公務員の配置換えに関する法的根拠は、地方公務員法６条及び17条にある。６条で、人事権を任命権者に付与し、その行使が法律、条例、規則等に従うべきことを示すとともに、17条において、職員の職に欠員を生じた場合、任命権者は採用、昇任、降任、転任のいずれかの方法により、職員を任命することができるとしている。これらの規定により、地方公務員が公法的規律に服する特別権力関係にあることから、配置換えは任命権者の権限であり、民間労働者の配置換えが契約内容によっては労働者の合意が必要であることと異なる。

　判例も、配転は「人事権者の自由裁量に任されているものと解すべきであって、人事権者が右の裁量権を行使していた配転が社会観念上著しく妥当を欠いて裁量権を付与した目的を逸脱し、これを濫用したと認められる場合でない限り、その裁量権の範囲内にあるものとして違法とはならない」（大阪地判昭和55年５月26日）としている。

　以上より、配置換えについては、地方公共団体との契約ないしは同意という概念が入る余地は少なく、任命行為は行政処分であると解されている。また、法的には、職員に対して利益を与える処分でも不利益処分でもなく、本人への同意を要さずに行うことができるとされている。

　しかしながら、配置換えに係る裁量権が任命権者に無限定に与えられたものでなく、裁量権が地方公務員法の規定に違反する場合や裁量権の逸脱、濫用による場合などは、違法な配置換えとなる。裁量権の範囲の基準としては、①行政目的に合致すること、②平等な取扱いをすること、③不当労働行為とならないこと、が目安となる。

③　個別ケースへの対応

　任命権者によって行われた配置換えが、社会通念上著しく妥当性を欠くものでない限り、勤務地を変わることにより遠距離通勤や家族との別居等は、当該団体に職員として採用された以上、当該団体の全域において配置があり得ることは当然であり、当該職員もこれを了解して採用されたものと考えられる。

　判例でも、「転任処分により、原告が家族と離れ、下宿生活を余儀なくされ、精神的、物質的負担を受けることは認められるが、本来、教職員として公の教職に従事する者は、転任を当然に予想しなければならないところであり、右負担も止むを得ない」（福島地判昭和41年4月12日）としている。当該職員の配置換えが組織運営上必要であり、代替可能な職員もなく、欠員補充をしなければ行政サービスの低下をもたらすなど諸条件を総合的に勘案の上、命じたものであるのなら、不利益処分に該当しないものと考えられる。

　職務命令としての発令通知書の受領を拒否した場合は、当該文書を当人宛に発送し、なお改善が図られなければ、職務命令違反、さらに職務に就かないのであるから職務専念義務にも違反し、懲戒事由に該当するものとして、懲戒処分の手続をとることが可能である。また、当該職務命令を正当な理由がなく拒否し、職務に従事しない状態が続いた場合には、勤務実績不良又は職の適格性欠如の問題として分限事由にも該当する可能性も出てくるであろう。

　このような事態に至らないよう、所属長や人事担当者は個々の職員にとっての配置換えの重要性を十分に認識し、最善の努力を果たすべきである。発令の段階に至って配置換えが拒否された場合、所属長がいくら職員の身になって相談に応じても、円満な解決は困難である。まず、日頃から職員の事情の把握に努め、育成や組織運営の観点からみた配置換えの必要性と個人の意向について十分吟味し、当該職員の能力が最大限に発揮できるような選択を心掛けることが基本である。

　発令直前の内示段階で拒絶の意思表示があった場合には、配置換えの必要性や異動理由の明示、配置換えをしないことで公平、公正な人事に支障が出ることなどを理解させるなど、所属長と人事当局が一体となって説得に努めることも必要となろう。

14 降 任

　勤務実績の良くない職員を降任させたいが、どのような手続が必要か。

1　降任の性格

　降任は地方公務員法17条に基づく任用行為の一種である。降任の解釈として行政実例では、「昇任の場合の逆であり、職員を法令、条例、規則その他の規定により、公の名称（職務の級、職員の級、組織上の地位等）が与えられている職員の職で、その現に有するものより、下位のものに位置づけること」（昭和27年12月4日自丙行発第52号）とされている。

　同法28条に定める分限処分との関係では、職員の意に反して行う降任は、分限処分として行う以外はすることができない。一方で、依願による降任は、同法17条1項の任命権の範囲内でも可能であり、この場合は、不利益処分には当たらないものとされている。本項では、分限処分として行う場合と、依願による場合の2つに分けて解説する。

2　分限処分としての降任

　分限処分としての降任を行う事由は、地方公務員法28条1項の「勤務実績が良くない場合」など4つに限られ、本件は分限処分としては、同項1号に当てはまる。

　判例によると、降任処分は、基本的に免職処分に比べて任命権者の裁量の余地を比較的広く認めているが、処分に際しては同法13条

（平等取扱の原則）や同法56条（不利益取扱の禁止）の趣旨を踏まえて、客観的事実に基づく公正な判断を求めている。また、処分の当不当は司法審査の対象とはならないが、人事委員会による審査の対象となる（最判昭和48年９月14日）。

　降任の手続と効果については、条例で定めなければならない（地公法28Ⅲ）。運用に当たっては、降任が職員の身分関係に重大な変動を及ぼすものであることから、慎重を期すことが必要である。勤務実績が良くない場合とは、職員が担当すべきものとして割り当てられた職務内容を遂行してその職責を果たすべきであるにもかかわらず、その実績があがらない場合をいい、当該職員の出勤状況や勤務状況が良くない場合もこれに当たるとされている（平成21年３月18日、人企－536）ことから、処分の際は、任命権者が勤務実績が良くない具体的事実をいかに確実に把握し、公務能率維持のためにいかに努力（指導・助言等）を払ったかということが問われる。そのためには、その状況を詳細かつ具体的に記録しておくことが必要である。公務能率の維持という目的が達成できれば、降任にこだわる必要はなく、職員の身分保障を優先し、不必要な処分を避ける観点から、転任等の手段を降任に優先して検討する場合もあろうが、必ずしも転任を行わないと降任ができないものではなく、転任を経ずに分限処分として降任処分を選択することも可能である。

　処分が必要である場合には、それに先立って十分に事実を確かめるために本人に弁明の機会を付与することや、任命権者の内部に審査委員会を設けて事前審査を行うなどの配慮は必要と考えられる。

③　本人の希望による降任

　本事例においては、本人希望があるわけではないが、職場環境の厳しさやストレス、心身の不調などにより、本人が降任を申し出る

ケースもあり得よう。

　地方公務員法には、本人の意に基づく降任については規定がないが、当該職員が希望し、任命権者が降任の必要性を認めた場合は、任命権者が、分限処分としてではなく、地方公務員法17条の任用行為として降任を行うことが可能である。このような場合でも、本人からの依願により自動的に降任とすべきではなく、公務能率の向上、公務員の身分保障、今後の昇任の機会や他の職員とのバランスなどを総合的に検討した上で判断することが求められる。

15　昇任制度

より効果的な組織運営につながる昇任制度をどのように整備すればよいか。

1　昇任に際しての能力実証

平成28年4月1日に施行された改正地方公務員法15条は、職員の任用は「受験成績、人事評価その他の能力の実証に基づいて行わなければならない。」と規定している。さらに、昇任の方法としては、同法21条の4で、競争試験又は選考が行われなければならないとしている。しかし、各団体の実情に鑑みると、試験を昇任制度に取り入れる場合も、組織が重要視する職級への昇任選考に際して限定的に取り入れることが主で、全面的に競争試験に依拠している例はまれであろう。

また、人事評価を昇任や処遇などの人事管理の基礎に据える人事評価制度が導入され、勤務成績に基づく選考を支える環境は整っているともいえる。本稿では、このような実情や変化を踏まえた上で、効果的な組織運営を目指した昇任制度の設計上の留意点について述べる。

2　制度設計上の留意点

(1)　試験導入に際しては、各団体の実状を踏まえ、狙いを明確化すること

前項で述べたとおり、各団体の実情においては、競争試験よりも選考が主として実施されており、また、実施の労力（経費・人員面）

を考慮した場合に安易に競争試験を導入することは、効率的な組織運営上好ましくないと考えられる。したがって、昇任に際しての能力実証としては、人事評価を根拠とした選考によることが、制度設計上の基本といえよう。逆にいえば、昇任選考に代えて競争試験を導入する、あるいは、昇任選考に試験的な要素を取り込む際には、その狙いを明確にすることが必要である。

ところで、昇任が選考のみによる団体において、年功序列による硬直的な任用や、学歴・情実・性別による恣意的な任用が行われているものと疑われたならば、職員の士気を維持することは困難となり、組織の停滞にもつながりかねない。したがって、広く公平に人材の発掘を行うという当局の意図を明確に示し、士気の向上や人事管理に対する職員の納得感の向上につなげていくために、試験的要素をある程度取り入れた選考を行うことを検討すべきである。

検討の際には、現在の職員構成と採用・退職数を踏まえた職員構成の将来推移、現状及び想起される人事管理上の中長期的な問題点とその要因を客観的に分析することが必要である。

その上で、他の施策も複合的に組み合わせた抜本改正の必要性も含め、採用から幹部職員までの任用体系全体を見据えた上で、十分な検討を行うことが重要である。たとえば、職級の数は現行どおりでよいか、あるいは職務内容の高度化に対応するため新級の導入が必要か、任用資格基準は変更が必要か、昇任に伴い人材育成の観点から異動を組み合わせることが必要か、後述の人事評価に改良を加える必要があるか、などである。

続いて、試験を導入する職級を設定し、その必要性と位置づけを明確にする。その位置づけを踏まえて、合格者数算出方法についても、選考有資格者の一定割合を合格させるものとするか、ポストの空き状況に応じて算出するか、など、具体的な考え方を絞り込んで

いく。

　このような検討経過を経て、狙いを明確化していくことにより、試験的要素を取り入れた昇任選考が、有効なものとして機能することとなる。

　(2)　人事評価を踏まえた人事管理を職員に浸透させていくこと

　試験的要素を伴わない選考においては、人事評価が合否に直結するため、人事評価に対して職員が納得感を持てるか否かは極めて重要な問題である。また、ある職級への昇任に、筆記試験を取り入れている場合も、①受験勉強に力が割かれ、公務能力が下がる、②多忙な職場の職員が不利になるなど、試験の評価と仕事の評価が必ずしも一致しない、③試験不合格者・断念者が多くなれば組織全体がモラールダウンする、などの問題点を緩和するために、筆記試験による客観性を確保しつつ、職務実績を試験結果に的確に反映させる団体が多い。いずれにせよ、昇任制度に対する職員の納得感・公平感を担保する上で、人事評価への信頼性は不可欠である。

　人事評価は、管理者や人事当局が、感情や情実にとらわれずに、職員の職務実績や職務上発揮された能力等を科学的かつ客観的に把握できる仕組みであることが必要である。その観点からは、選考への反映のみを目的とした人事評価を実施するのではなく、人事評価を継続的・定期的に実施し、育成や処遇面への反映などを前提として、職員のきめ細かな能力開発と適性にあった人事管理を行う基礎として定着させていくことが重要である。評定者訓練のきめ細かい実施、評定要素、着眼点の明確化により、評定の精度を向上させる取組を人事主管課は実施すべきであろう。

　また、個々の評定自体の客観的合理性を向上させることには、自ずと限界が伴うため、人事評価のプロセス自体を被評定者に理解させる取組も必要である。たとえば、①組織目標を個人の目標管理に

的確にブレイクダウンし、面接を通じて、管理職と職員との間で目標の共有化を図る、②職場ごとに職員に求められる能力や役割を職員との議論を踏まえて設定し、何が評価に値するのか明確に共有するなどの手法が考えられる。評定内容の部分的な開示や苦情相談制度など補完的な制度を設けることも検討する余地がある。

このような具体的な取組によって、人事評価を踏まえた人事管理を職員に浸透させていくことにより、昇任制度に対する信頼性と納得感が職員に醸成されることとなる。

③ 職員の士気高揚と育成の視点を重視すること

昇任制度は、上位の職に欠員を生じた場合に充員機能を果たすことが第一義的な目的であるが、制度設計によって、職員の士気高揚や組織の活性化につなげることもまた、重要な目的であるといえる。昇任は、金銭的報酬として昇格・昇給を職員にもたらすが、それに加えて、組織による職員の貢献に対する「承認」、新たなやりがいある「職務」、能力向上への「機会」、など様々な報酬をもたらす。地方公共団体経営において、人的・財政的資源に制約がある中、職員が、昇任を通じて、社会的・経済的報酬を適切に与えられると実感できる制度を設計し運用することが、山積する責務への対応に迫られる各団体において真に求められている。前項で述べた留意点を踏まえ、各団体の実情に即し、職員の士気の高揚と育成の視点を踏まえた制度設計を行うことが人事当局に求められる基本的姿勢といえよう。

Q

16　職員の配置管理

職場を活性化させるために、どのような配置管理を
行っていくべきか。

① 配置管理の目的

　行政課題の複雑・高度化や急速な技術革新、そして行政が担う役
割の見直しに伴い、行政職員の職務環境が大きく変化する今日、自
治体の各組織における職員がこういった社会経済状況の変化を鋭敏
に把握し、新たな課題に果敢に挑戦し、組織間の調整を柔軟に行う
ことが求められている。配置管理は、退職職員の補充や新規事業へ
の対応など、職の充足が最低限の目的であると同時に、組織の活性
化を図るための有効な手段である。行政運営の中で大きな課題とな
るのはこのためであり、自治体をめぐる昨今の状況の中で、配置管
理を計画的に行う必要は高まっているといえる。

　配置管理の役割や目的には、以下３点が挙げられる。

　第１に、「組織の活性化」である。組織に長期在職者が多いと、
マンネリズムの発生により、既定方針への固執や事なかれ主義な
ど、活力の低下や組織の硬直化をもたらす。組織の活性化を図るた
めには、構成職員の意識改革が大切であり、職員の新陳代謝を通じ
て新たな考え方、経験や知識を刺激として取り入れることが有効で
ある。

　第２に、「人材の活用」である。配置とは、職と人との結び付け
である。両者の不適合は、職員の職務遂行意欲を低下させるととも
に、組織の効率的な運営も望めなくなる。職が必要とする職務遂行

能力や適性などの要件に見合った能力や適性の持ち主を職に付けることにより、組織の意思決定と事業展開の効果や効率を高めるとともに、職員も職務遂行意欲を最大に発揮することが期待できる。

第3に、「人材の育成」である。同じ仕事を続けていれば、職員にとって職務の困難度が逓減するとともに、新たな課題に挑戦する意欲も減退する。異なる職務を経験させることにより、職員の意識に刺激を与え、能力の開発につなげることができる。異動に伴う新たなインフォーマル・ネットワークの形成により、問題解決の多様な手段を獲得させることにもなる。

② 配置管理に必要な視点

職場の活性化に向けて計画的な配置管理を行うに当たっては、基本的視点を設定する必要がある。理念を曖昧にしたままでは、配置管理を通じての組織の活性化は期待できない。重視すべき視点として、3点挙げる。

第1に、適材適所を実現する視点である。適材適所の実現には、職務内容や職の求める要件を明確化するとともに、職員の能力や適性が科学的に評定されることが大前提となる。言い換えれば、十分な職務分析と精度の高い人事考課が求められる。また、職の要件や職員の能力・適性は、時間や状況とともに変化するので、適材適所は静態的なものととらえず、適宜修正を加えることも必要である。

第2に、人材育成を重視する視点である。採用から幹部へと昇任するまでに必要な素養は、幅広い職務経験によって養われる。新しい仕事への取組を通じて能力を開発していくプロセスを、継続的・計画的に付与する必要がある。人材育成の観点による配置は効果の発揮に時間を要するが、組織の将来の人的資源のあり方を左右する。短期的な効果を狙う適材適所の要請と相反しがちであるが、直

近の効果を求めるあまり育成の視点を欠かないよう、適正なバランスが必要である。

　第3に、実力主義を貫徹する視点である。職員一人ひとりの仕事の成果や保有する能力を的確に評価し、その評価した実績と実力に基づいた配置の実現が、仕事の効率や職員のモラールの向上につながる。情実にとらわれない人事により、公平・公正さを貫く人事部門の方針をメッセージとして伝える効果も生むことになる。

③　組織の活性化を有効に図るための仕組み

　配置管理を通じて効果的・効率的に組織の活性化を図るためには、人事部門が前記の視点を確実に実現する仕組みを整備することが必要となる。

　以下2点の仕組みは、配置に対する職員の納得性を高めるためにも必要であり、組織の活性化に向けて必要な視点を挙げつつ、これらの仕組みを有効に活用し、配置の実務に当たるべきである。

　第1に、人事考課と自己申告制度の導入と有効活用である。前項の3つの視点をそれぞれ実現し、人材を発掘・育成するために、個別の人事資料のみに頼るだけでなく、個々の職員の職務遂行状況の客観的な評価を基礎とすることが有効である。人事考課を通じて、職員の仕事の業績や能力・態度を客観的かつ継続的に把握し、異動の必要性や適所を勘案するとともに、自己申告により異動希望や取り組みたい仕事について聴取する機会を設け、さらには仕事の成果の記入等により評価の客観性を高めることが可能となる。

　第2に、配置基準の整備である。配置換えを効率的に行うために、一定の基準を作成し、職員に明示することが必要である。人事部門にとっては、配置換えの公平、公正性を明らかにし、その継続性を確保することができ、職員にとっては、配置換えの該当事由が

明確となり、異動希望を表明できるメリットがある。マンネリや汚職等の発生原因を未然に防ぐための基準から、昇任時期をとらえ多様な経験と広い視野を獲得させるための基準、さらには育成の観点を明確にして特定の職務と職場を一定期間経験させる目的で行うジョブローテーション方針など、職場の実状等に応じて発展させることが望ましいと考えられる。

第 **2** 章

給　　与

給与の支給

1 給与支給の原則

職員本人以外の者に対する給与の支払は可能か。

　地方公務員法25条2項において、法律又は条例により特に認められた場合を除き、通貨で直接職員にその全額を支払わなければならないと規定している（給与支払の3原則）。

　地方公務員については、もともと労働基準法24条1項（船員法53・55）により、この3原則（通貨払・直接払・全額払）が適用されていたが、昭和40年の地方公務員法の改正により同原則が地方公務員法25条2項で規定された（同時に労働基準法24条1項等の規定は、地方公務員法58条3項で適用除外となった。）。

　したがって、法律又は条例により特に認められた場合以外は、給与は直接職員に支払わなければならず、職員以外の者に給与を支払うことを禁止されている。

　しかし、実際には、職員が公務の遂行やその他の事由により自ら給与を受領できない場合等に、本人以外の者に支払う場合が考えられ、その場合「直接払の原則」に抵触するか問題になる。

　まず第1に考えられるのが、本人が民法643条の規定により、給与の受領権限を委任し、受任者（代理人）から支払を請求してきた場合である。

　代理は、代理人の法律的に意味のある行為（意思表示）により本人が直接にその効果を取得する制度である。すなわち代理の場合、意思を決定し表示する者（代理人）と、その法的な効果を取得する

者（本人）とが別になっている。賃金の直接払と民法上の委任、代理の関係等については、「労働基準法第24条第1項は、労働者本人以外の者に賃金を支払うことを禁止するものであるから、労働者が第三者に賃金受領権限を与えようとする委任、代理等の法律行為は無効である。」とされている（労働省行実昭和63年3月14日基発150号等）。

　次に考えられるのが、本人が指定した使者に支払う場合である。使者は代理人に比べ、本人の決定した意思を相手方に伝達し又は受領する機関であることから、本人との関係は、代理人との関係よりは密接な相互関係にあると解されている。したがって、たとえば、本人が病気で欠勤しているため、配偶者が給与を受け取りにきたような場合等、一定の要件を満たす使者に対する給料の支払は、直接払の原則に反しないと解されている（労働省行実昭和23年12月4日基収4093号等）。

2　口座振替制度

給与の口座振替を実施するに当たっての留意点は何か。

　一般職の職員の給与の支給については、地方公務員法に「通貨払・直接払・全額払」の３原則が定められている。すなわち、給与を得ることが労働者の最大の権利であることに鑑み、「職員の給与は、法律又は条例により特に認められた場合を除き、通貨で、直接職員に、その全額を支払わなければならない。」と規定されているものである（地公法25Ⅱ）。

　この「通貨払・直接払・全額払」の３原則は、労働者の生活の糧である賃金が確実・容易・迅速に労働者の手に渡るように労働基準法24条１項に規定されていたものであるが、地方公務員における給与支払の３原則をより一層明確にしようとする意味で、昭和40年の改正で、地方公務員法に直接規定されることになったものである。この結果、企業職員及び単純労務職員については、原則として地方公務員法が適用除外となっていることから、従来どおり労働基準法24条１項が適用され、その他の職員については、地方公務員法25条２項が適用されることになった。

　口座振込みによる給与の支給は、職員が口座に振り込まれた給与を現金化して初めて通貨となることから、厳密な意味での「通貨払・直接払の原則」に抵触すると考えられるが、一定の要件を満たすことにより、地方公務員法25条２項に抵触しないとする自治省（現総務省）通知（昭和50年４月８日自治給25号）が出されている。

　その一定の要件とは、①給与の口座振込みは、職員の意思に基づ

いているものであること、②職員が指定する本人名義の預金又は貯金の口座に振り込まれること、③振り込まれた給与の全額が所定の給与支払日に払い出し得る状況にあることであり、口座振込みによる給与の支給をするには、これら3要件を満たすことが必要となる。

　なお、この口座振込みによる給与の支給方法については、地方公務員法25条3項に基づき、条例上の措置をする必要がある。

3　給与請求権の放棄

市長が給与の一部を辞退する場合の留意点は何か。

　地方公共団体の長が報酬の一部を辞退することになった場合、留意する事項としては、大きく２点挙げられる。それは、長が地方公務員であることと、公職選挙法に基づき選任される職であることに関連するものである。

　それは、地方公務員たる長が、その給与請求権を放棄できるかという問題と報酬の辞退と公職選挙法における寄附との関連性の問題である。以下、それぞれについて整理する。

（1）　地方公務員の給与請求権は放棄できるか

(1)　学　説

　「給与請求権は放棄できない」とする否定説の理由としては、①地方公共団体は、職員に対する給与支払義務を法律上負っていること、②地方公務員の給与請求権は、公法上の権利であること、③給与請求権の放棄を認めると、地方公務員の職務遂行の能率と責任に影響を及ぼし公益を害するおそれがあること等が挙げられる。

　次に「給与請求権は放棄できる」とする肯定説の理由としては、①地方公務員の給与請求権の放棄が許されないとする法律上の明文の規定がないこと、②地方公共団体が法律上給与支払義務を負っているとしても、地方公務員の真に自由な意思に基づく給与請求権の放棄ができないという趣旨であるとは解されないこと、③地方公務員の給与請求権も、そもそも地方公務員の自由な処分になじむ性格

の権利であること、④給与請求権の放棄を認めることにより、公務員の職務遂行の能率と責任に影響を及ぼし、公益を害する結果が生じた場合は一般職の場合は懲戒制度があり、特別職の場合は長の不信任決議のように、その責任を問うことができるのでそれを理由に給与請求権の放棄ができないとは解されないこと等が挙げられる。

　このように両説あるが、給与請求権のうち、基本権を放棄することはできないが、具体的に発生した支分権については、本人の真に自由な意思に基づいて行われる給与請求権の放棄であれば可能であるという考え方が一般的である。

　(2)　判例・行政実例

①　「公務員の俸給を受ける権利を放棄することは、公務員と国又は地方公共団体との間に存する特別権力関係を破壊し、公益を害するに至る恐れがあるから、一般的には許されないものと解すべきであるが、右のような恐れが全く存しない場合には、有効にこれをなすべきである。」(仙台高判昭和32年7月15日)

②　「職員が公務員としての地位に基づいて有する給与請求権の支分権である具体的給与の請求権を放棄することができないとはいえない。」(昭和28年7月27日文部省地方課長回答)

③　「給与を受ける権利は、公権であって、公益を害する恐れがない場合を除いて、これを放棄することは原則としてできない。」(昭和43年4月17日人事院法制課長回答)

② 公職選挙法上の公職の候補者等の寄附との関係について

　長が、公職選挙法に基づき選任される職であることにより、公職選挙法199条の2(公職の候補者等の寄附の禁止規定)との抵触が問題となるが、具体的に生ずる給与請求権の一部をあらかじめ放棄することは、同条の「寄附」に当たると解されるので、自らの意思

に基づき、給与請求権の放棄はできないことになる。

　したがって、長が報酬の一部を辞退しようとする場合は、長の給与を暫定的に減額する内容の給与条例の改正を行うことにより、給与請求権の一部を初めから発生させないようにすることが必要である。

4 給与支給請求権の時効

職員の地方公共団体に対する給与支給請求権は、何年間行使しないと時効にかかるか。

地方公共団体に対する金銭債権で、時効に関し他の法律に定めがないものは、5年間これを行使しなければ時効によって消滅することになる（自治法236Ⅰ）。

また、労働者の賃金等の請求権の時効については、労働基準法115条に規定されているが、その消滅時効期間については、令和2年4月1日に施行された改正労働基準法により、従前の2年間から5年間（当分の間、3年間）に延長することとなった（労基法115・143Ⅲ）。

地方公共団体の職員については、地方公務員法が特に適用を除外したものを除き、労働基準法の規定が原則として適用されることから、職員の給与請求権は、いわゆる公法上の金銭債権であるが、労働基準法115条の規定により、2年間これを行使しなければ時効によって消滅することになる（最判昭和41年12月8日）との判決のとおり、消滅時効期間においてこれを行使しなければ時効によって消滅することになる（判例中「2年間」は、当時の消滅時効期間）。

一方、時効の利益について、民法は、あらかじめ放棄することはできないが、時効完成後に時効の利益を放棄することを認めている（民法146）。

しかし、地方公共団体を一方の当事者とする金銭債権について時効の利益の放棄の自由を認めることは、地方公共団体の債権債務関

係をいつまでも不確定にすることになるので、時効の利益を確定的に受けることとするため、地方自治法は「法律に特別の定めがある場合を除くほか」時効の利益を放棄できないと規定している（自治法236Ⅱ）。

　なお、「法律に特別の定めがある場合」の法律には民法を含むとされている（最判昭和46年11月30日）ため、同項が適用される金銭債権の範囲には、私法上の債権は含まれないことになる。

　したがって、地方公共団体を一方の当事者とする金銭債権であっても、私法上の債権については時効の利益を放棄することは可能であるが、職員の地方公共団体に対する給与請求権は、公法上の債権であるから、地方自治法236条2項の規定により、地方公共団体は時効の利益を放棄することはできないと解されている。

5 重複給与の支給

一般職の職員が特別職の職員を兼ねる場合に、報酬を
支払うことは可能か。

　地方公務員は、地方公務員法24条３項の規定により、職員が他の
職員の職を兼ねる場合においてもこれに対して給与を受けてはなら
ないと規定されているが、一般職の職員が特別職の職員の職を兼ね
る場合は、この規定は適用されないため、当該特別職の職員として
の報酬を受けることはできる。

　ただし、給与は、職員の提供する勤務の対価として支給されるも
のであるから、勤務の提供のない部分については給与を減額して支
給することとなる。

　よって、当該特別職の勤務形態によっては、一般職として受ける
給与が減額される場合もある。

　特別職の職員としての勤務が、一般職の職員として割り振られて
いる勤務時間中に必要とされる場合、地方公務員法35条により、職
員は勤務時間中、職務に専念する義務が課せられているため、職務
に専念する義務の免除を受けなければならない。

　この場合、職務専念義務を免除された時間中の給与を減額するか
どうかを決めなければならない。この点については、その免除を与
える趣旨に鑑みて、当該団体の給与条例等で規定することになる。

　職員が職務専念義務を免除されかつ報酬を受けて、勤務時間中に
特別職の職員として勤務に従事した場合は、その間一般職の職員と
しての勤務に従事していないので、基本的には、勤務しなかった時
間に対応する給与は減額するのが適当である。

6　給与支給請求権の相殺

　給与の過払があった場合、その後に支払われる給与で
相殺できるか。

　職員の給与は、法律又は条例により特に認められた場合を除き、
通貨で、直接職員に、その全額を支払わなければならない（地公法
25Ⅱ）。

　したがって、給与の過払があった場合、その後に支払われる給与
から過払分の給与を差し引いて支給することは、全額払の原則に反
するかが問題となる。

　当然のことながら、地方公務員法25条2項は、労働者の生活保障
のため賃金の現実の履行を確保することを目的としているものであ
るから、同条項は厳格に適用すべきであるが、一般的に過払賃金の
返還請求債権をもってその後の賃金債権と相殺するということは、
過払分をその翌月以降の賃金に充当するという賃金相互間の調整な
いし清算あるいは後の支払期における給与額の計算方法としての意
味を有するものであり、同じ相殺でも賃金とは無関係な他の債権
（損害賠償債権等）をもってする相殺とは異なる。そして、差し引
かれた時点にたってみれば、それまでの賃金全額が支払われて結果
として全額払の要件が満たされることになる。

　このような給与の相殺は、給与の清算調整の実を失わない程度に
合理的に接着した時期においてなされ、事前にあらかじめ労働者に
そのことが予告され、相殺額にして労働者の経済生活を脅かす結果
となるおそれがない場合に許されるものと解される。

　合理的に接着した時期については、勤務評定闘争の下に行われた無断欠勤に対する減額が行われず、結果として過払となった後、3か月目に行われた減額の時期が合理的に接着した時期とはいえないとした判例（最判昭和45年10月30日）がある。

7　給与受領の拒否

職員が給与の受領を拒否した場合、どうすればよいか。

　地方公共団体は、給料の支給定日に、職員に対して給料を支払わなければならない義務を負っているが、職員がその受領を拒んでいる場合には、民法493条の定めるところに従い、弁済の提供（支払準備）を完了して給料受領の催告を行えば、支給定日に支給することができなかったとしても、その責めは免れることができる。

　その他、供託することによって債務を免れるという方法（民法494）も考えられる。実際、支払う給与の総額が多額の場合は、いつまでも手元に保管しておけないので、再度金融機関に預託し、職員の請求のあったときにまた現金化しなければならないという手続の煩わしさを生ずることを考え合わせて、この方法が適当とされる場合がある。

Q

8 給与条例主義

職員の給与については、額並びに支給方法等について条例で定めなければならないという、いわゆる給与条例主義が定められているが、どの程度まで条例で規定すべきか。

職員の給与を法律に基づく条例で決定することを給与条例主義という。職員の給与について条例主義の原則が定められている趣旨は2つあるが、第1点は、住民自治の原則に基づいて職員の給与についての決定を住民の意思に基づいて公明正大に行うことであり、第2点は、職員の労働基本権制限の代償として、職員に対して給与を権利として保障することである。

給与条例主義は、地方自治法204条3項に「給料、手当及び旅費の額並びにその支給方法は、条例でこれを定めなければならない」と規定されており、同法204条の2に「普通地方公共団体は、いかなる給与その他の給付も法律又はこれに基づく条例に基づかずには、これを……支給することができない」とされている。また、地方公務員法24条5項には「職員の給与、勤務時間その他の勤務条件は、条例で定める」、同法25条1項には「職員の給与は、……給与に関する条例に基づいて支給されなければならず、また、これに基づかずには、いかなる金銭又は有価物も職員に支給してはならない」と規定されている。しかしながら、職員の給与制度は、複雑で詳細にわたっているため、そのすべてを条例で規定することは、立法技術上困難であるばかりでなく、かえって条例をわかりづらいものとしてしまうおそれもある。したがって、どの程度まで詳細に規

定することが、給与条例主義の観点から求められるのかが問題となるが、この点に関して法律上明確な基準は示されていない。

　この点に関して、行政実例では、職員の給与、勤務時間その他の勤務条件に関する事項を全面的に規則に定めるよう条例で委任することはできないとしている（昭和27年11月18日自行公発96号）。

　また、裁判例（東京地判平成5年9月28日）では、給与条例主義の趣旨を「給与等の種類、額及び支給方法という基本的な内容については法律又は条例に具体的根拠を要することとし、地方公共団体における給与の適正かつ公正な支給を確保するという点にある」とした上で、「職員が特殊の勤務に従事する場合には、特殊勤務手当を支給する」「前項の手当は、別に定めるところによる」と定めていた規定について、「手当の種類、額及び支給方法のすべてについて、市長の定める規則に無条件で委任」しているもので、給与条例主義を定めた法律の「各規定に違反して無効であることは明らか」としたものがある。

　さらに、自治省（現総務省）からは、特殊勤務手当について、その種類、支給対象の範囲及び上限額が盛り込まれた準則が示されている（昭和28年7月31日自丙行発43号）。

　こうしたことから、少なくとも職員の給与、特に手当については、その種類（特殊勤務手当については個々の手当の名称）、支給対象の範囲及び支給限度額について、条例で明記すべきものとしている。

昇給・昇格

9 人事評価制度に基づく昇給管理

人事評価を適切に反映させた昇給制度とはどのようなものか。

　平成28年4月に施行された改正地方公務員法により、任命権者は定期的に人事評価を行い、その人事評価を任用、給与、分限その他の人事管理の基礎として活用し、職員が発揮した能力及び挙げた業績を給与等に反映することが明確化された（地公法23Ⅱ・23の2）。したがって、人事評価を活用せず一律に昇給を行うのではなく、人事評価を活用し能力や業績等を昇給に適切に反映することが重要である。

　昇給の基準に関する事項は、給与に関する条例により規定する（地公法25Ⅲ③）ため、その具体的な取扱いについては、各団体に委ねられているが、法改正の趣旨を踏まえた昇給制度の運用が求められている。

　人事評価を基に、昇給の幅に差を設けるためには、評価者の恣意性を排除し、職員の納得を得ることが必要である。そのためにも、客観的事実を確認することが重要であり、とりわけ「昇給なし」など下位の昇給区分を適用する場合は、職員の具体的な行動や指導の記録をきめ細かく整える必要がある。

　各職員の昇給区分は一義的には人事評価反映の結果ではあるが、該当職員の翌年度以降の勤務成績の向上やより良い組織運営に寄与するものでなければならない。したがって、下位の昇給区分に決定

された職員に対しては、単に昇給結果を伝達するのではなく、翌年度に向け改善を要する点や期待する役割等を所属長から具体的に伝達し、本人に対し奮起を促すことが肝要である。

10 昇給停止

市財政状況の悪化により、全職員の昇給を一定期間停止したいと考えているが可能か。

　昇給は、同じ職務の級内において、現に受けている号給より上位の号給に決定することをいう。昇給の意義は、年々の業務の習熟や職務遂行能力の向上への対応、毎年の生計費の上昇への対応、モラール向上、帰属意識の強化等にあると考えられる。

　一般的に、職員を昇給させるか否か及び昇給させる場合の昇給の号給数は、昇給日前の1年間の判定期間の全部を良好な成績で勤務した職員の昇給の号給数を4号給とすることを標準として所定の基準に従い決定することとなっている。また、職員の昇給は予算の範囲内で行わなければならないとされている。

　一般的には、職員は年に1回昇給することを期待しているものと考えられるが、以上のように昇給は、予算の範囲内で、勤務成績に基づき決定されることとなっていることから、職員に権利として認められているものではなく、任命権者の裁量に属するものと解されている。

　したがって、任命権者が恣意により職員に対し不公平な昇給決定をすることはもとより許されないが、市の財政状況が悪化し、職員の昇給に充てる予算が組めない場合等客観的な事由により、職員に対し不公平とならない昇給上の取扱いをすることは、一定の合理的な範囲内で容認され得るものと考えられる。

　従前の昇給制度における例であるが、普通昇給については、「法

定の基準に達するときは昇給せしめられるという職員の利益は認められても、その性質は単なる事実上の反射的利益に過ぎず、法定の基準に達した者に対し昇給措置をとらず、この利益が侵害されたとしても、不利益処分ということはできない。」（仙台高判昭和34年7月29日）、また、「給与条例中の定期昇給に関する規定は、要件を満たした職員に対し、実態上又は手続上の権利を与えるものではない。」（最判昭和55年7月10日）等の判決が出ている。

　また、昇給は、「昇給させる処分」という積極的な処分がなされて初めて処分があったといえるのであり、「昇給させない」という形での積極的な処分を考える余地がなく、また昇給を行わず従前と同一号給の給与を支給している事実をもって不作為による行政処分があったと解することも、行政処分の性質上できない（高松地判昭和53年3月28日）と判断されている。

11 懲戒処分と昇給決定

飲酒運転事故後、懲戒処分前に昇給期を迎えた場合の
昇給は可能か。

　職員の昇給は、基本的に昇給日前の1年間におけるその者の勤務
成績に応じて行うこととされている。したがって、職員の勤務成績
がやや良好でない場合、あるいは良好でない場合は、標準未満の昇
給幅に決定されるか、あるいは昇給が行われないこととなる。

　一般的に各団体においては、懲戒処分等を昇給決定に当たっての
勤務成績判定の一要素と位置づけているものと考えられる。具体的
にどのように昇給決定に反映させるかは、各団体の昇給の基準等の
規定するところによることとなるが、懲戒処分を待つことなく、飲
酒運転事故などの一定の具体的事実をもって昇給決定に反映させる
こととしている場合は、標準を超える昇給幅には決定しない、ある
いは勤務成績が良好ではないとして標準未満の昇給幅に決定する
か、昇給を行わないこととなる。この場合、懲戒処分決定前という
こともあり、厳格な事実認定等を踏まえ判断する必要がある。

Q 12　昇給抑制措置と昇格

昇給抑制措置対象となっている職員は昇格できるか。

　昇給は、同じ職務の級内において、現に受けている号給より上位の号給に決定することをいう。職員を昇給させるか否か及び昇給させる場合の号給数は、昇給日前 1 年間の判定期間の全部を良好な成績で勤務した職員の昇給の号給数を 4 号給とすることを標準として所定の基準に従い決定することとなる。

　しかしながら、各団体においては、55 歳など一定の年齢を超える職員の昇給については、民間給与水準に比して公務における高齢層の給与水準が高く抑制が必要であること、民間企業においても年齢による昇給抑制措置を講じていることなどを踏まえ、通常の職員の昇給幅よりも抑制することとしているのが一般的と思われる。

　一方、給与上の昇格とは、職員をその現に属する級よりも上位の級に決定することであり、一般的には、職務の複雑、困難及び責任の度がより高い職務に職員が就く昇任行為に伴い、昇格が行われることになるが、その場合、給与制度上は、昇格させようとする職務が等級別基準職務表や級別職務分類表に定める級別の分類基準に適合し、級別資格基準表に定める必要在級年数等の資格基準を満たしていることなどを踏まえ決定することとなる。

　昇給抑制措置と昇格は、それぞれ以上のような趣旨、性質のものであるため、一定の年齢に達した職員に対して、昇給抑制措置が講じられていたとしても、当該職員が昇格することは可能である。

13 非常勤職員の昇給・昇格

非常勤職員の報酬に昇給・昇格の考え方を取り入れることは適当か。

昇給とは、給料表の同じ職務の級内において、現に受けている号給より上位の号給に決定することをいい、昇格とは、職員の職務の級を、現に適用を受けている給料表の上位の職務の級に決定することをいう。昇給・昇格制度の内容は、各地方公共団体の条例や規則等において定められている。

昇給・昇格制度は、職員の能力の伸長や習熟度の高まりの給与への反映、職務と責任に応じて給料の級を異にするという職務給の原則などに基づくものであり、任期の定めのない常勤職員に関して定められているものと考えられる。一方、任期の定めのある非常勤職員については、平成26年の総務省通知で、非常勤職員の再度の任用における報酬等は、「同一の職務内容の職に再度任用され、職務の責任・困難度が同じである場合には、職務の内容と責任に応じて報酬を決定するという職務給の原則からすれば、報酬額は同一となることに留意すべきである。」との考え方が示されており、令和2年度創設の会計年度任用職員制度についても、任期が一会計年度内に限られ、職務の内容や責任の程度が任期の定めのない常勤職員とは異なることから、基本的には昇給・昇格制度はなじまないものと考えられる。

ただし、総務省の会計年度任用職員制度の導入等に向けた事務処理マニュアル（第2版）では、会計年度任用職員の再度任用におけ

る給与決定について、国が示した「同一労働同一賃金ガイドライン案」を引用する形で、昇給を勤続による職業能力の向上に応じて行おうとする場合、無期雇用フルタイム労働者と同様、勤続により職業能力が向上した有期雇用労働者又はパートタイム労働者には、勤続による職業能力の向上に応じた部分につき同一の昇給を行わなければならない、と記している。また、この考え方を踏まえると、会計年度任用職員について、その昇給を、勤続による職業能力の向上に応じて行おうとする場合については、常勤職員の昇給の制度との権衡を考慮して給与決定を行うことが適当であると考えている、としている。

諸手当

Q

14 人事評価制度に基づく勤勉手当の支給

人事評価制度に基づく勤勉手当の支給を行う際の留意点は何か。

　前述のとおり、平成28年4月に施行された改正地方公務員法により、すべての地方公共団体において、人事評価結果の任用、給与等への活用が義務付けられている。中でも、勤勉手当は、民間における特別給（賞与）のうち成績査定分に相当するものであり、従前の勤務評定制度の下においても、その趣旨に即した運用が求められてきたところであるが、平成28年の法改正により、人事評価結果を活用して勤務実績等を支給額に反映させていくことの必要性がさらに明確化されたといえる。

　一般職の職員の給与に関する法律19条の7第1項では、勤勉手当について、6月1日及び12月1日の各基準日に在職する職員に対して、直近の人事評価の結果及び基準日以前6か月以内の期間における勤務の状況に応じて支給することが規定されており、地方公共団体においても、これを参考に勤勉手当を支給することが基本となる。したがって、直近の人事評価結果を活用し、職員の能力や業績を勤勉手当の支給額に反映させる制度を構築することで、モチベーション向上へとつなげていくことが必要である。

　また、昇給の効果が後年度に累積していくのに対して、勤勉手当における業績反映が効果を持つのは、当該支給期限りである。そのため、人事評価における評価期間や勤勉手当の支給期ごとに、幅広

い職員の士気高揚へとつなげていく視点も重要である。

　さらに、人事評価制度に基づく勤勉手当の支給に当たっては、人事評価制度そのものへの信頼や、支給額への反映の仕組みに対する理解を確保することも必要である。評価者における公平・公正な評価の実施や恣意性の排除はもとより、必要に応じて評価結果の相対化等を通じた評価の偏りの是正も行いつつ、人事評価結果や勤勉手当への反映度合いが適切なものとなるよう工夫することが求められる。そのほか、対象職員が少数であるなど、行政職とは異なる評価基準を設けることが適当な職種については、それぞれの職種の特性に応じた工夫を行いながら、客観性や納得性のある制度を構築していくことも重要である。

　いずれにしても、人事評価における上位区分の持ち回りや、勤勉手当の一律的な支給は、高い業績を挙げている職員の士気を阻害し、人事評価制度の趣旨を損なうこととなる。人事評価結果を活用し、能力や業績を反映した勤勉手当の支給を行うことで、職員の士気高揚や組織全体の公務能率向上を進めていくことが必要である。

Q

15 初任給調整手当

（1） 初任給調整手当の支給対象となっている職に採用された職員が、複数の大学を卒業している場合、支給期間算定の基礎となる「卒業の日」をどのようにとらえたらよいか。

（2） 当該職員が兼務発令を受けており、本務の職と兼務の職とで、初任給調整手当の支給区分が異なる場合は、どちらの区分で支給したらよいか。

　初任給調整手当は、科学技術等の専門知識を有する職員の採用を容易にするために、民間における賃金との格差を考慮して設けられた手当である。医師、歯科医師など採用による欠員の補充が困難であると認められる職に、新たに採用された職員に対して、採用の日から一定期間支給される。

　初任給調整手当を支給されるための要件として、その採用が大学等を卒業した日から一定の期間（経過期間）内に行われたものであることが必要である。医師、歯科医師については、中途採用が一般化しており、また手当額が高額で支給期間も長期間であることから、経過期間の長さに応じて手当額を減じていくという取扱いがなされている。

　初任給調整手当の支給額は、職と期間の区分によって定められている。職の区分は勤務する公署の所在地等の要件による採用の困難度に応じて設定されることが通例である。また、期間の区分は大学等卒業の日以後の年数によって設定される。大学等卒業後、年月を経過して採用された職員は、その間は期間の区分に応じた初任給調

整手当が支給されていたものとみなし、職の区分に応じた支給額を決定する。

　設問(1)の例では、複数の大学を卒業している場合の「卒業の日」のとらえ方が問題となる。この点に関しては、その者の採用された職に必要な最も下位の免許に対応する学校等卒業の日としてとらえる。したがって、当該免許のための国家資格の受験資格に必要な修業年限の経過した日の属する年の4月1日を基準として決定することとなる。

　設問(2)のように、当該職員が兼務発令を受けており、本務の職と兼務の職とで初任給調整手当の支給区分が異なる場合に、いずれの区分の額によって手当を支給すべきかが問題となる。この場合には、兼務発令はあくまで二次的なものであり、本来その職員が本務の職に就くために採用されたものと解されるので、原則として本務の職が該当する区分で支給する。ただし、兼務の職の業務に引き続き1月以上専ら従事する場合には、例外的に兼務先の区分で支給する。

Q

16　単身赴任手当

(1)　異動に伴い転居し配偶者と別居したが距離条件を満たさず、手当を受給しなかった。その後異動したことにより配偶者の住居から在勤庁まで距離条件を満たすこととなった場合、手当の支給対象となるか。

(2)　手当受給中であったところ離婚し、子は相手が引き取り親権も相手に移った場合について、養育費を支払うため扶養手当は引き続き受給するが、単身赴任手当の支給対象となるか。

(3)　長期にわたって赴任を伴う異動を転々と繰り返す職員が、配偶者を伴って赴任していた後に、子の進学のために別居した場合、配偶者の住居は直近の異動から３年以内に居住していた地でなければならないか。

　　単身赴任手当は、単身赴任に伴う二重生活による経済的負担の軽減、精神的な負担の緩和を目的として支給される手当である。その支給要件は、基本的には、①公署を異にする異動又は在勤する公署の移転（以下「異動等」という。）に伴う赴任であること、②住居を移転（転居）すること、③やむを得ない事情によって、同居している配偶者と別居すること、④当該異動等の直前の住居から異動後の公署への通勤が困難であること、⑤単身で生活することを常況とすること、以上の各要件をすべて充足する必要があるとされている。

　　まず、設問(1)に関連して、通勤困難の基準としては、原則として一定の距離条件（国の場合60km（人事院規則９−89第３条））を満たすことが要件となっている。そこで事例のように、その後の異動によって、この距離条件を満たす場合が問題となる。しかしながら、

あくまでも異動に伴って配偶者と別居し、通勤困難であることから、単身赴任となったことが要件であるので、この事例のように、既に単身で生活している状態から異動によって距離条件を満たしたとしても手当の支給対象とはならない。

　次に、設問(2)についてであるが、この事例を考える前提として、配偶者がいない職員であっても、満18歳に達する日以後の最初の3月31日までの間にある子と別居した場合で、手当支給の他の要件を満たすときは、配偶者がいる場合との均衡上手当の支給対象となる。しかしながら、設問(2)の事例では、子との別居と異動等との間に因果関係が認められなくなったことから、手当の支給対象とすることはできない。

　次に、設問(3)の前提として、配偶者を一時帯同して赴任した後に、異動前の住居地の学校に子が進学する場合など「特別の事情」によって、配偶者と別居することとなった職員は、直近の異動等から3年以内であれば手当の支給対象となることとされている。これは逆にいうと、赴任先で3年を経過する期間配偶者と同居を続ければ、一般的には赴任後の住居が新たな生活の本拠となり、異動と別居との間に因果関係があるとはいえなくなるためである。また、長期にわたって赴任を伴う異動を転々と繰り返す職員の場合、別居した配偶者の住居は直近の異動前の住居地でなくとも、実質的な生活の本拠地であれば、単身赴任手当が支給される。

　そこで、設問の事例のような場合、配偶者の別居先の住居地が3年以内に住んでいた地である必要があるかどうかが問題となる。この場合には、赴任を繰り返していることから赴任先で3年間を経過したとしても直ちにその地が生活の本拠となるとは必ずしもいえない。したがって、別居した配偶者の住居地が、たとえば持ち家があるなど実質的な生活の本拠地として合理的である場合には、3年以

内に居住していた地でなくとも単身赴任手当の支給対象となると解して差し支えない。

17　扶養手当

　　A職員の配偶者はパート勤務による収入を得ていたが、その収入額が、4月時点では、扶養手当の認定限度額以内に収まる見込みの額であったことから、A職員に対し扶養手当を支給していた。ところがその後、6月の収入が認定限度額を超える見込みの額であることがわかった。この場合、扶養手当の支給を4月に遡って停止すべきか、あるいは6月時点で直ちに打ち切るべきか。

　扶養手当は、扶養親族のある職員に支給される手当であり、職員が扶養親族を有することにより生ずる生計費の増嵩を補助するための生活給的手当である。

　扶養親族とは、他に生計の途がなく、主としてその職員の扶養を受けている者である。

　扶養親族の範囲は、①配偶者、②満22歳に達する日以後の最初の3月31日までの間にある子及び孫、③満60歳以上の父母及び祖父母、④満22歳に達する日以後の最初の3月31日までの間にある弟妹、⑤重度心身障害者である。

　設問は、いわゆる収入の不安定な者にかかる扶養親族の認定の事例であるが、まず、いかなる場合に「他の生計の途がなく」、扶養親族と認められ得るかが問題となる。この点については結局のところ、「他に生計の途」があるか否かは、その者の収入が一定の限度額を上回るか否かにより判断することとなる。この認定限度額について、多くの地方公共団体では、高卒初任給の2分の1の額を目安とするとともに、社会保険の被扶養者認定基準や所得税法上の扶養

親族にかかる所得限度額などを参考に定めている。国の場合、「年額130万円以上の恒常的な所得があると見込まれる者」は、「他に生計の途がなく主としてその職員の扶養を受けている者」に含まれない、と定めている（人事院規則9－80）。

次に、4月に遡って認定を取り消し、扶養手当の支給を停止すべきかが問題となる。これに関し「年額」の意味が問題となるが、この認定限度額が年額をもって定められているのは、所得には種々のものがあり、年額をもって定めることが最も適当と考えられるためである。

この「年額」は、暦年あるいは会計年度というような特定の期間を意味するものではなく、認定の時点以降1年間の総収入の見込み額を意味するものである。また、給与所得や家賃収入のように月々得られる所得で、相当期間にわたって毎年定まった収入がある場合には、この認定限度額に12分の1を乗じて得た額以上の収入となるか否かで認定することを妨げるものではない。したがって、本事例の場合、4月で扶養親族として認定した時点では、A職員の配偶者の収入は認定限度額に収まる見込みであったことから、その認定に誤りはなく、4月に遡って認定を取り消す必要はない。

最後に、6月の時点で直ちに扶養手当の支給を停止すべきかが問題となる。この点については、原則としては、6月の収入が認定限度額を超える見込みの額である以上、支給を停止すべきと解される。ただし、将来1年間の収入が限度額を超える見込みというには、その収入額が1年間継続する性質のものでなければならない。6月の収入には、ボーナスなど臨時的に増嵩する性質の収入が含まれている可能性がある。

したがって、扶養手当の認定を解除し、支給を停止するには、6月の収入の性質を十分調査した上で対応することが望ましいといえる。

18　通勤手当

(1)　兼務発令されている職員が、週のうち３日（月に換算すると13日）はＡ勤務庁へ、２日（同８日）はＢ勤務庁へ通勤することを常例とする場合、通勤手当額はどのように算出するのか。

(2)　１か月のうち数日間は自動車で通勤し、残りの日数はバスで通勤することを常例とする場合のように、日によって通勤の方法を異にする職員の通勤手当額はどのように算出するのか。

　通勤手当は、職員の通勤に要する経費を補助するために支給する手当である。手当の性格は実費弁償に近く、所得税法上も一定の額を限度として非課税所得として取り扱われている。

　手当の支給対象は、①通勤のために交通機関等を利用し運賃等の負担を常例とする職員（交通機関等利用者）、②自動車等交通用具の使用を常例とする職員（交通用具使用者）、③交通機関等を利用しその運賃等を負担し、かつ、自動車等を使用することを常例とする職員（交通機関と交通用具の併用者）である。

　この「通勤」とは、職員が勤務のため、その住居と勤務公署との間を往復することをいう。また、「負担を常例とする」とは、通勤のために運賃等を負担し、その者が通勤する限り原則として同様の状態が継続すると認め得ることである。

　手当の額は、交通機関等利用者にあっては運賃等相当額である。その算出は、運賃、時間、距離等の事情に照らし最も経済的かつ合理的と認められる通常の通勤経路及び方法による運賃等の額によ

る。つまり、定期券を使用することが最も経済的かつ合理的であると認められる場合は、通用期間が最長の定期券の価額を基礎として、回数乗車券等を使用することが最も経済的かつ合理的であると認められる場合は、1か月当たり回数乗車券等の通勤21回分の運賃等の額を基礎として運賃等相当額を算出する。

　交通用具使用者の手当額は、距離区分に応じ定額で支給される。また、交通機関と交通用具の併用者の手当額は、運賃等相当額と自動車等にかかる手当額との合算額を基礎として算定する。

　設問(1)のように、兼務発令されている職員で、月当たりの通勤所要回数があらかじめ想定できる場合の運賃等相当額は、①自宅からA勤務庁までの月8回分の回数券等の価格と自宅からB勤務庁までの月13回分の回数券等の価格との合計額をその職員の1か月分の運賃等相当額として支給する。

　次に設問(2)のように、日によって通勤の方法を異にしている場合は、その者が主として用いている通勤の方法がどちらであるかによって取り扱っていくべきものである。この「主として」とは、月の通勤回数のうち過半の日数ということができると考えられる。設問の例では、交通用具を利用することは月のうち数日であり、残りの日数は交通機関（バス）を利用していることから、交通機関等利用者として手当額を算定する。

19　特殊勤務手当

(1)　支給対象となる職員の範囲はどのようなものか。
(2)　どのような業務にどのような支給方法で支給される
のか。

　特殊勤務手当とは、著しく危険、不快、不健康又は困難な勤務そ
の他の著しく特殊な勤務で、給与上特別の考慮を必要とし、かつ、
その特殊性を給料で考慮することが適当でないと認められるものに
従事する職員に、その勤務の特殊性に応じて支給することができる
とされている手当である。

　この手当は、職員の従事する個々の業務に着目し、その業務の特
殊性に応じて支給されるものであるため、各手当の内容は個別具体
的である。しかし、社会経済状況の変化等により業務の特殊性が変
化した場合には、それに伴う手当の改定が必要である。

　設問(1)についてであるが、支給対象職員の範囲は、それぞれの特殊
勤務手当に規定する特定の業務に従事する職員である。したがって、
通常は特定の支給対象業務に従事していない職員が、たまたま当該
業務に従事したような場合には、職員が支給対象業務に従事する恒
常性がないことから、特殊勤務手当の支給対象となることはない。

　また、管理職員がこのような基準を満たすようなことは例外的な
場合に限られるので、一般的に管理職員は特殊勤務手当の支給対象
となることはないと考えられる。

　次に設問(2)についてであるが、支給の一般的な原則は、当該手当
の対象となる業務に従事した場合に限り支給するというものであ

る。したがって、職務専念義務の免除、年次有給休暇、休日等で勤務しない場合はもちろん、正規に勤務した場合においても、手当の支給対象となる業務に従事しないときは、手当を支給することはできない。また、当該業務について別に給料や他の手当によって措置がなされている場合は、重複して支給することはできない。

　特殊勤務手当は職員がその職にあることにより支給されるものではなく、特殊勤務手当の支給対象となる業務に従事することにより手当を支給することとなるので、日を単位として支給することが原則である。なお、1件又は1回ごとに危険性等が顕著な場合など、業務の性質により適合する場合には件数や回数を単位として支給する。

20　非常勤職員とボーナス

非常勤職員に期末・勤勉手当の支給をすることは可能か。

　国家公務員である一般職の非常勤職員の給与は、常勤の職員との権衡を考慮し、予算の範囲内で支給され（給与法22Ⅱ）、期末・勤勉等の手当の支給も可能とされている。これに対し、平成29年の地方自治法改正前においては、地方公務員である非常勤職員の場合は、一般職か特別職であるかを問わず、報酬及び費用弁償に限られ、議会の議員には期末手当を支給できるものの、それ以外の非常勤職員には、国と異なり、たとえ労働者性が高い者であろうと一切の手当は支給できず、また、仮に報酬として支給するとした場合も、その実態が手当に相当する給付であれば同様に認められないと解されていた。なお、報酬及び費用弁償の額並びに支給方法は、条例で定める必要があり、いかなる給与その他の給付も法律又はこれに基づく条例に基づかずに支給することはできない。

　その後、平成29年に、一般職の非常勤職員である会計年度任用職員に関する規定等を設けた地方公務員法の改正とともに、フルタイムかパートタイムかにかかわらず、会計年度任用職員に対して期末手当の支給を可能とする地方自治法が改正された。この改正によって、フルタイムの会計年度任用職員は、給料、旅費及び期末手当を含んだ一定の手当が支給対象となり、パートタイムの会計年度任用職員は、報酬、費用弁償及び期末手当が支給対象となった。一方で、勤勉手当の支給については、期末手当の定着状況等を踏まえた上で検討課題とすべきであると国から示されていた。

　令和5年5月には、地方自治法の一部を改正する法律が公布され、国の非常勤職員においては、対象となる職員に勤勉手当が支給されていることや、会計年度任用職員に対する期末手当の支給が定着したことを踏まえ、国の非常勤職員の取扱いとの均衡や適正な処遇の確保の観点から、会計年度任用職員に対し、令和6年4月1日から勤勉手当を支給することが可能となったところである。

退職手当

21 退職手当の支給制限・支払差止・返納命令

職員の退職後に在職中の不祥事が発覚した場合、退職手当の支給はどうするべきか。

　地方公務員の退職手当制度については、各地方公共団体の条例により定めることとされている（自治法204Ⅱ・Ⅲ）。

　国家公務員の例によれば、退職手当制度の一層の適正化を図り、もって公務に対する国民の信頼確保に資するため、職員の退職後に在職期間中の不祥事が発覚し、一定の要件に該当する場合、退職手当の支給制限処分又は支払差止処分、返納命令処分ができる制度が定められている。なお、これらの処分の実施主体は、退職手当管理機関（原則として、職員の退職の日において当該職員に対し懲戒免職等処分を有する機関）とされている。

1 退職手当の支給制限処分となる場合

　職員の退職後、退職手当が支給される前において、在職中に起こした不祥事が発覚し、当該職員に対して、禁錮以上の刑が確定するか、又は懲戒免職等処分を受けるべき行為があったと認められると、退職手当の額の全部又は一部の支給が制限されることとなる（国家公務員退職手当法14）。なお、非違の発生を抑止するという制度目的から、退職手当の額の全部を支給しない処分が原則である。

② 退職手当の支払差止処分となる場合

　支払差止処分は、職員の退職後、支給制限処分を行うまでの間、退職手当の支払いの履行期を延期する処分である（国家公務員退職手当法13）。

　支給制限処分を行うには、当該不祥事に関する判決が確定するか、又は懲戒免職等処分に値する行為であるかどうか判断をする必要があり、これには相当の期間を要する場合がある。この間に履行期を迎えたことをもって、当該職員に退職手当を支払うことは、公務に対する信頼の確保の要請や、支払い後に返納処分となる可能性があるなどの問題が生じることから、退職手当の支払いを一時的に差し止める制度が導入されている。

　次の要件のいずれかに該当するときは、退職手当の支払差止処分を行わなければならない。

① 刑事事件に関し起訴された場合で、その判決の確定前に退職したとき

② まだ退職手当が支払われていない場合で、在職期間中の行為に関し起訴されたとき

　また、次の要件のいずれかに該当するときは、支払差止処分を行うことができる。

① 在職期間中の行為に関し、その者が逮捕されたとき又はその者から聴取した事項若しくは調査により判明した事実に基づき、その者に犯罪があると思料するに至ったときであって、退職手当を支払うことが公務に対する国民の信頼を確保する上で支障を生ずると認めるとき

② 在職期間中に懲戒免職等処分を受けるべき行為をしたと疑うに足りる相当な理由があると思料するに至ったとき

③ 死亡により退職した者の遺族に対する支給で、②に該当する

　　とき

　逮捕・起訴された場合のほか、犯罪があると思料するに至ったものとして支払差止処分を行う場合には、本人の供述、関係者の供述、職場内外で収集し得た物証などを総合的に勘案し、具体的かつ詳細に、いつ、どこで、どのようにして、何をしたということを「処分説明書」に明記できる程度の確証を得られることが必要とされる。

　支払差止処分は、被処分者が起訴される可能性や懲戒免職等処分を受ける可能性などとその者が被る不利益の程度とを比較衡量して決定すべきものであり、次のような場合は、支払差止処分を取り消して、退職手当を支払わなければならない。

①　被処分者について無罪判決が確定した場合

②　被処分者について、支給制限処分を受けることなく、禁錮よりも軽い刑の確定又は不起訴処分がなされた日から6月を経過した場合

③　被処分者が起訴されず、支給制限処分を受けることなく、支払差止処分の日から1年が経過した場合（現に勾留されている場合を除く。）

④　被処分者が遺族の場合で、支給制限処分を受けることなく、支払差止処分の日から1年が経過した場合

　また、当該支払差止処分後に判明した事実又は生じた事情に基づき、差し止める必要がなくなったと判断した場合には、当該処分を行った退職手当管理機関は支払差止処分を取り消すことができる。

　なお、支払差止処分後に支給制限処分が行われた場合には、当該支払差止処分はその取消を待つことなく自動的に消滅する。

③　退職手当の支払い後に返納処分となる場合

　職員が退職し、退職手当が支払われた後、次のいずれかに該当し

たときは、退職手当の額の全部又は一部の返納を命ずる処分を行うことができる（国家公務員退職手当法15）。

① 在職期間中の行為に係る刑事事件に関し禁錮以上の刑が確定したとき

② 定年前再任用短時間勤務職員又は暫定再任用職員が、退職手当の算定の基礎となる在職期間中の行為に関し免職処分を受けたとき

③ ②を除き、在職期間中に懲戒免職等処分を受けるべき行為をしたと認めたとき（退職後5年以内に限る。）

また、死亡により退職した職員の遺族等に対し退職手当が支払われた後に、③に該当することとなったときは、退職後1年以内に限り、当該遺族等に対して返納命令が可能である（国家公務員退職手当法16）。

返納額については、次のように場合分けをして考えることができる。このとき、既に支払った退職手当から源泉徴収した所得税等を減じるなど、必要な調整をして返納額を定めることとなる。

① 退職後再就職をしているなど雇用保険法上の「失業」状態にない場合

　既に支給された退職手当額全額を返納

② 仮に一般の退職手当等の支給を受けていなかったとしたら「失業者の退職手当」を受けることができた者であった場合

　既に支給された退職手当額から「失業者の退職手当」相当額を控除した額を返納

③ 「失業者の退職手当」を受けている（受けることができた場合を含む。）場合

　一般の退職手当等より「失業者の退職手当」相当額の方が多いため、返納不要

　なお、返納命令を受けた職員又は遺族等並びにその者と生計を共
にする者が現在及び将来どのような支出を要するか、どのような財
産を有しているか、現在及び将来どのような収入があるか等につい
ての申立てを受け、返納すべき額の全額を返納させることが困難で
あると認められる場合には、返納額を減免することができる。

　また、一度に全額を返納させることが困難な場合は、地方自治法
施行令171条の 6 第 1 項 4 号（履行延期の特約等）に基づき、当該債
権の金額を分割して履行期限を定める方法が考えられる。

22 退職手当と所得税

退職手当にかかる所得税を計算する上で、勤続年数や退職事由はどのようにとらえるべきか。

1 勤続年数

退職手当にかかる所得税の退職所得控除期間は、当該地方公共団体での引き続く勤続期間に応じた年数である。1年未満の端月数は1年として計算する。退職所得控除期間を把握する上で主な留意点は次のとおりである。

(1) 同じ地方公共団体に引き続かずに再度勤務した場合

当初勤務して退職する際に退職手当を支給されていなければ、その後、再度当該地方公共団体に勤務し退職する場合には、退職手当算定期間に通算されるか否かを問わず、当初の勤続期間は退職所得控除期間に通算される。

たとえば、当該地方公共団体での職員歴で6月未満のため退職手当を支給されなかった期間を前職歴として有する者が（国家公務員が勤続期間6月未満で普通退職する場合には、退職手当は支給されない。）、再度当該地方公共団体に勤務後、退職した場合には、退職手当を支給する際、退職所得控除期間に当該前職歴を通算することとなる（所得税法施行令69）。

(2) 出向期間中に退職手当を支給された場合

職員が他の団体等に出向した際、出向先の団体から出向期間相当分の退職手当を支給され、かつ、その出向期間を退職手当算定期間に通算する場合、退職所得控除期間についても同様に出向期間を通

算する。ただし、退職所得控除額を算定する際、出向期間相当分の退職所得控除額を控除する。

　たとえば、勤続10年で、うち2年間関係団体に出向しており、かつ出向先で2年間分の退職手当が支給済の場合、退職手当算定上、出向期間を通算するならば、退職所得控除額は10年間分の400万円から2年間分の80万円を差し引いた320万円になる。

　なお、減算する出向先の期間は1年未満の端月数を切り捨てる（所得税法施行令69・70）。

(3)　勤続期間中に休職期間がある場合

　退職手当算定上、減算対象となる休職期間等がある場合でも、退職所得控除期間を求める場合には減算せずに勤務実績のあった他の期間と同様、勤続年数に含める（所得税基本通達30−6、30−7）。

2　退職事由

　退職所得控除額は、「一般退職の場合」と「障害退職の場合」の2種類が設けられており、「障害退職の場合」以外はすべて「一般退職の場合」に当てはまる。

　「障害退職の場合」とは「障害になったことに直接起因して退職したと認められる場合」（所得税法30Ⅴ③）を指し、「一般退職の場合」の控除額に100万円を加算した額を控除することとなる。具体的には「在職中に障害者に該当することとなつたことにより、その該当することとなつた日以後全く又はほとんど勤務に服さないで退職した場合」（所得税法施行令71）のほか、「障害者に該当することとなった後一応勤務に復したが、平常の勤務に復することができないままその勤務に復した後おおむね6月以内に退職した場合」や「障害に該当することとなった後一応の勤務には復したが、その勤務に耐えられないで、その勤務に復した後おおむね2月以内に退職

した場合」（所得税基本通達30－15）が該当する。

　なお、障害者には身体障害者等のほか、「常に就床を要し、複雑な介護を要する者」（所得税法施行令10Ⅰ⑥）も含まれる。

23　遺族の認定

職員が在職中に死亡した場合、又は退職後退職手当支給前に死亡した場合の支給対象となる遺族の認定はどのように行うべきか。

1　死亡退職の場合

職員が死亡により退職した場合は、条例の規定によりその遺族に退職手当が支給される。遺族の範囲及びその遺族の順位が、民法に定める相続人の範囲及び順位と異なる内容になっているのは、死亡による退職手当が、専ら職員の収入により生計を維持していた遺族に対する生活保障を目的としており、民法の相続財産とはその性格を異にし、相続財産ではなく、遺族固有の権利として取得するものと解されている。

ただし、職員を故意に死亡させた者、職員の死亡前に自分と同順位以上の遺族となる者を故意に死亡させた者は、退職手当の支給を受けることができる遺族から排除される（国家公務員退職手当法2の2）。

支給に当たって留意すべき主な事例は次のとおりである。

①　同順位の遺族が複数いる場合

　　その人数で等分して支給する（国家公務員退職手当法2の2Ⅲ）。

②　遺族に生死不明者がいる場合

　　第1順位者について同順位者が2人以上あり、かつ、そのうち1人が生死不明であってその者につき失踪宣告が行われない

限り、他の同順位者に対し、全額の退職手当を支給することは
できない。また、第1順位者に同順位者がなく、かつ、その者
が生死不明であっても、その者につき失踪宣告が行われない限
り、次順位者に退職手当を支給することはできない。

③　遺族のいない場合

　　支給しない。失踪宣告を受けた場合は死亡と同じであるが、行
方不明の場合は死亡ではないので民事法の一般原則に従い供託
の措置をとるべきである（行実昭和29年6月10日蔵計1372号）。

④　遺族が支給手続中死亡した場合

　　退職手当は、条例の規定による次順位の遺族に支給されるの
ではなく、死亡した遺族の相続人に対して支給されることと
なる。

⑤　請求権の放棄

　　請求権の放棄は、請求権者の自由意思により可能であるが、
第1順位の者が放棄した場合次順位の者に請求権は移行しない。

⑥　請求権の譲渡

　　請求権の譲渡はできない。職員本人が受給権者の場合も同様
である。

⑦　事実婚の場合

　　当事者間に社会通年上夫婦としての共同生活と認められる事
実関係を成立させようとする合意があり、かつ、そのような事
実関係が存在する場合は支給される。事実関係の確認の例とし
て、戸籍上の配偶者が存在しないこと、住民票上同居の事実が
証明されること、たとえば葬儀の際、喪主となり近隣や親族内
で配偶者とみなされる客観性、公然性があること等の裏付けが
必要となる。

② 退職後、退職手当支給前に死亡した場合

　退職した職員が退職手当支給前に死亡した場合には、当該職員が有していた退職手当請求権という債権を、民法の規定による当該職員の相続人が相続することとなる。なお、相続人が複数いる場合、遺産の分割によって退職手当請求権を取得した相続人が受給権者となる。遺産の分割前においても、各共同相続人がそれぞれの相続分に応じて請求権を得る（最一小判昭和29年4月8日）。

旅　費

Q

24　宿泊施設の指定と宿泊料の調整

　宿泊を伴う会議等に出席する場合で、主催者側が宿泊施設を指定しており、かつ、宿泊料が条例で定める宿泊料定額を超える場合、宿泊料の支給及び精算はどのようにしたらよいか。

　旅費条例上、宿泊料については定額主義がとられており、宿泊料定額と実費額との間に過不足が生じても、原則として差額分については調整しないこととされている。

　旅費は、本来、実費弁償を建前としているが、費用の中には実費の算定が困難なものもあり、また、旅費の支出すべてについて旅行者に領収書等の証拠書類の確保を要求し、また、事務担当者にその確認をさせることはその費用の額や支出の頻度によっては、いたずらに手数を煩雑にし、逆に経費を増大させることになりかねないことから、定額による支給方式も広く認められており、旅行雑費、食卓料等多くの旅費が定額支給によっている。

　しかし、標準的な実費額をもとに算出された定額も、場合によっては実費額と乖離することも考えられ、実際の支払額と定額とが極端に食い違うような場合には調整を行うことが必要であり、旅費条例にもそのための規定が定められている。

　設問のように、宿泊を伴う会議等に出席する場合で、主催者側が旅費定額を超える宿泊施設を指定しているようなケースでは、宿泊施設及び支払額について旅行者の選択の余地がなく、指定された宿

泊料金が定額を上回る場合には旅行者の自己負担は避けられないこと、また、事前に額も明確になっている場合がほとんどであると考えられることから、定額を上回る額の調整を行うことは必要であると考えられる。

　また、同様に、旅費定額を下回る宿泊施設の指定があった場合には、減額を行うことが必要である。

　調整を行う場合には、単なる宿泊施設の斡旋にすぎないような場合や、宿泊すること自体は案内されているが、宿泊先、料金等に幅があり、選択の余地がある場合を除くなど、取扱いについて、あらかじめ定めておくことが適当である。

　また、会議等の主催者からの通知等で、「負担金」等の名称で料金が指定されており、その中に宿泊料が含まれているような場合については、宿泊料の構成要素が朝・夕食代及び宿泊に要する経費等に充てるための旅費であることから、「負担金」等を一括して、旅費以外の経費で支給する場合と同様に、料金の内訳を確認の上で、必要な宿泊料を支給することとなる。

　なお、宿泊料を指定された料金に調整し概算払で支給した場合には、事実上、定額支給を実費額支給に変更し支給したことになることから、旅費の精算時においては、領収書等により実際の支払額を確認することが適切と考えられる。

Q

25 機内食（昼食）の提供と日当の調整

海外出張で航空機を利用する場合で、昼食として機内食が出ることが旅行行程表等で明らかな場合、日当を調整すべきか。

　日当は、旅行中の昼食代及び諸雑費並びに目的地である地域内を移動する場合の交通費等の経費に充てるための旅費であり、その構成は、昼食代が2分の1、その他の費用が2分の1とされている。

　したがって、旅行者が食堂施設等を無料で利用した場合や、旅行が昼食時間帯に全くかからないような場合には、調整規定によって、日当の昼食代相当分である2分の1の額を減額して支給するのが適当と考えられる。

　設問のケースのような場合においても、航空機の搭乗に要する旅客運賃には、食事料に相当するものが含まれている場合がほとんどであり、昼食代については航空賃として別途支給していることとなることから、日当は2分の1に調整するのが適当である。

　なお、実際の支給に当たっては、時刻表又は旅行行程表等（旅行社の見積書、旅行主催者からの通知文等）により昼食として機内食の提供を確認の上減額を行うこととなるが、事前に確認することが困難な場合には、概算払時に日当定額を支給し、精算時に本人の申告により定額の2分の1の額を返納させるような取扱いもやむを得ないと思われる。

26　事務引継ぎのための旅行命令

　人事異動後、事務引継ぎのため、新在勤庁から旧在勤庁へ出張する場合の旅行命令及び旅費の支給はどのようにしたらよいか。

　設問の場合に行われる旅行は、人事異動が行われた後の事務引継ぎのための出張であることから、職員が新所属における本来の職務を遂行するための出張とは異なり、旧所属における必要性に基づき、旧所属の依頼により行われるものである。

　したがって、旧所属の依頼者は、事前にその職員の新所属の長の了解を得た上で旅行依頼を発し、当該職員に旅行をさせることとなり、必要な旅費についても当然に旧所属において支出されることとなる。

　なお、依頼を受けた新所属では、新たに旅行命令を発する必要はなく、出勤簿等は職員の旅行の事実に基づいて「出張」として整理すれば足りると考えられる。

Q 27 テレワークの導入による諸手当制度への影響

新しい勤務形態であるテレワークを導入するに当たり、現行の諸手当制度との整合を図って進めていくには、どういった手法があるか。

　テレワークとは、厚生労働省によると「ICT（情報通信技術）を活用し、時間や場所を有効に活用できる柔軟な働き方」であり、働き方改革の手段として重視される一方、感染症の拡大を防止する有力な手段としても注目されている。ここでは、テレワークの基本形である在宅勤務を導入するに当たり、現行の旅費や通勤手当制度を念頭に、とり得る手法を2つ挙げる。

1 自宅を「出張先」として取り扱う場合

　在宅勤務を「自宅への出張」と整理する場合である。この場合の①旅行命令、②日当（旅行雑費）について検討する。①旅行命令は通信による連絡手段によっては公務の円滑な遂行を図ることができない場合に発することができるものであるが、在宅勤務は必ずしもこの定義には合致しない。そこで、在宅勤務を「公務の直接遂行ではあるものの、その実態から一般の出張とは異なるもの」と位置づけ、「その他の用務（健康診断受診や人事異動面接など）」として、通常の出張と区別して取り扱うことが適当であろう。②日当（旅行雑費）について、その構成要素は通信連絡費やその他諸雑費とされている。在宅勤務を行う職員は、本人の希望により実施することが通常であると想定されること、また①のとおり、通常の出張と区別

して取り扱うべきことなどから、旅行雑費は不支給とすることが適当であろう。

　在宅勤務の実施により通勤回数が減少するが、「自宅への出張」と位置づける以上、通勤手当の減額を行わないのが一般的だろう。計画的に在宅勤務等を行う予定があること又は在宅勤務等を行っていることにより、1か月当たりの通勤所要回数が2以上の月にわたって継続して減少することが見込まれる場合は、通勤手当の減額などの対応を検討する必要が生じる。

② 自宅を「勤務地」として取り扱う場合

　在宅勤務に当たり、勤務官署と自宅の2か所に勤務しているものと整理する場合である。この場合の通勤手当について検討する。勤務地が2か所ある場合は、一般的にそれぞれの勤務回数に応じて通勤手当を認定することとなるだろう。結果として、在宅勤務日については、交通費がかからないことから通勤手当は支給されない。

　在宅勤務の実施回数を踏まえて事後的に手当を精算するケースも想定される。精算に関する規定がなければ新たに整備することが必要であり、手当額の再計算事務が煩雑となることが課題である。また、地域手当のように勤務地により支給区分が異なる手当については、適用範囲に関する規定整備などの対応を検討する必要が生じる。

　以上を踏まえて、テレワーク導入に当たっては、諸課題に留意しながら適切に運用していくことが必要である。

(注) 令和5年人事院勧告において、テレワーク中心の働き方をする職員に対する在宅勤務等手当を令和6年4月1日から新設するよう勧告されたことから、国の動向を注視する必要がある。

第 3 章

勤務時間・休日・休暇

勤務時間

Q

1　超過勤務と３６協定

　地方公務員にも労働基準法36条が適用されるが、それは具体的にどのような場合か。

　また、この場合に労働基準法33条３項との関係はどのように考えるべきか。

(1)　労働基準法改正による地方公務員の時間外勤務規定への影響

　平成11年４月１日に改正施行された労働基準法では、従来同法８条に規定されていた、「適用事業の範囲」が同法別表１で定められることとなり、従来同法８条16号に規定されていた「前各号に該当しない官公署」及び同条17号の「その他命令で定める事業又は事務所」が削除された。

　しかしながら、改正労働基準法33条３項の規定は「公務のために臨時の必要がある場合においては、第１項の規定にかかわらず、官公署の事業（別表第１に掲げる事業を除く。）に従事する国家公務員及び地方公務員については、第32条から前条まで若しくは第40条の労働時間を延長し、又は第35条の休日に労働させることができる。」とされている。

　このため、改正労働基準法別表１の１号から15号の各事業に該当する官公署では、従来どおり労働基準法36条に定める労使協定を締結しなければ、労働時間の延長及び休日の勤務を命ずることができない。その他の事業（旧労基法８⑯）に該当する官公署（以下「旧16号事業所」という。）では33条３項の規定に基づき「公務のために

臨時の必要がある場合には」労働時間の延長及び休日の勤務を命ずることができる。

② 労働基準法33条３項と３６協定の関係

職員団体の主張によくみられるのは、「旧16号事業所において時間外勤務を命じることができるのは、あくまで「臨時の必要がある場合」であり、その他の場合は３６協定が必要である。」というものであるが、その根拠として用いられるのが、昭和27年10月２日付自行発62号兵庫県人事委員会事務局長宛公務員課長回答である。

しかしながら、この回答は、通常労働基準法36条の適用事業所においては３６協定が必要であり、同法33条３項の適用を受ける旧16号事業所では３６協定の必要はないと解するのが素直な読み方であり、「法第８条第16号の官公署については第36条による協定は不要である」とした昭和23年７月５日基収1685号労働省見解との整合性も図ることができる。

また、本件については、平成４年４月17日の参議院地方行政委員会における労働省説明員も労働基準法33条３項の適用については、公務のための臨時の必要性を広く解釈しており、通常の場合にはこの規定により時間外労働をすることができ、36条の協定を結ぶ必要性はないと回答している。

以上のことから、旧16号事業所については３６協定は不要であるが、その他の事業所は同協定の締結が必要となる。

2　時間外労働の上限規制

働き方改革関連法公布に伴い、地方公務員の時間外労働の上限規制はどのように定められたか。

　労働者がそれぞれの事情に応じた多様な働き方を選択できる社会を実現する働き方改革の推進に当たり、長時間労働の是正のための措置として、民間労働法制においては、「働き方改革を推進するための関係法律の整備に関する法律」（平成30年法律第71号）により罰則付きの時間外労働の上限規制等が導入された（平成31年4月1日施行。中小企業は平成32年4月1日施行）。具体的な時間外労働の上限については、月45時間、年360時間を原則とし、臨時的な特別な事情がある場合でも年720時間、単月100時間未満（休日労働含む。）、複数月平均80時間（休日労働含む。）、1月45時間超の月数は1年につき6か月以内を上限としている（適用猶予・除外の事業・業務あり。）。

　地方公務員のうち官公署の事業（労働基準法別表第1に掲げる事業を除く。）に従事する職員以外の職員に対し時間外・休日労働をさせる場合（災害その他避けることのできない事由によって、労働基準法33条1項により時間外・休日労働をさせる場合を除く。）には、改正労働基準法に基づく時間外・休日労働協定が必要となることから、適切に対応することとされた（平成30年11月12日総行公148号・総行経78号・総財公141号）。

　また、人事院規則15－14（職員の勤務時間、休日及び休暇）の一部改正等により、国家公務員の超過勤務命令の上限時間等について

新たに規定された。具体的な時間外労働の上限については、月45時間、年360時間を原則とし、他律的な業務の比重の高い部署に勤務する職員については、年720時間、単月100時間未満、複数月平均80時間、1月45時間超の月数は1年につき6か月以内を上限とした。

　これを受け、地方公務員においても、地方公務員法24条4項における「均衡の原則」により、国家公務員の措置等を踏まえ、超過勤務命令の上限時間等について、平成31年4月より適用すべく、条例、人事委員会規則等の改正など所要の措置を講じることとされた（平成31年2月1日総行公8号）。

Q

3　休息時間の廃止と休憩時間の見直し

　休息時間を廃止するに当たって、休憩時間の見直しは
必要か。
　また、見直す場合にどのように考えるべきか。

1　休息時間の廃止

　休息時間は、一定時間の勤務を続けた場合の軽い疲労を回復し、公務能率の増進を図ることを目的として、正規の勤務時間中に付与される、いわゆる手休めの時間をいう制度で、法律に定めはなく、各地方公共団体においては、国に準拠して勤務時間条例等に規定してきた経緯がある。

　しかし、民間企業の通常の勤務形態の従業員については、休息時間（有給）に相当する制度はほとんど普及していないこと等から、国においては休息時間を平成18年7月1日に廃止した。地方公共団体においても国と合わせて休息時間を廃止することが適当であるとされている（平成18年3月8日付総行公22号）。

2　休憩時間の見直し

　休憩時間は、職員の勤務時間の途中において、勤務から解放され、自己の時間として自由に利用することが保障されている勤務義務の課せられていない時間をいう制度である。勤務からの解放という点については休息時間と同様であるが、職員の健康と福祉の確保を目的とする職員保護の立場からの勤務条件制度であることから、勤務時間及び給与上の取扱いについては、両者は全く相違し、休憩

時間は勤務時間が割り振られていない時間であって給与が支給されない。

　総務省からは、休息時間の廃止に関する通知の中で、休憩時間の取扱いについて、次のように示されている。

①　休憩時間は１時間を基本とする

②　職員の健康及び福祉に重大な影響を及ぼすものとして、休憩時間を45分以上１時間未満にすることができる場合は、小学校就学の始期に達するまでの子のある職員が当該子を養育する場合、小学校に就学している子のある職員が当該子を送迎するため、その住居以外の場所に赴く場合、要介護者を介護する職員が要介護者を介護する場合、交通機関を利用して通勤した場合に、出勤に要する時間と退勤に要する時間を合計した時間（交通機関を利用する場合に限る。）が、休憩時間を短縮することにより30分以上短縮されると認められるとき（早出遅出で同様の効果が得られるときを除く。）及び妊娠中の女子職員が通勤に利用する交通機関の混雑の程度が当該女子職員の母体又は胎児の健康保持に影響があると認められる場合等を対象としている

③　休憩時間を１時間としない場合は、職員の勤務時間をより一層厳正に管理し、休憩時間を厳守することが必要である

　地方公務員には労働基準法34条の規定が適用されるので、１日の勤務時間が６時間を超える場合においては、少なくとも45分の休憩時間をおくことが必要である。この基準以上である１時間を適当としたことは、国が基本を１時間としたこととともに、これまで休憩時間45分に休息時間15分を合わせて実態上１時間の昼休みとしていた地方公共団体が相当数存在してきたことが念頭にあったものと考えられる。一方、同法上、休憩時間の最長限度について定めはないが、これを長くすれば労働者をいたずらに長時間事業場に拘束しておく

こととなり、望ましいものではない。これまで休憩時間が45分であった地方公共団体が 1 時間に見直すことは、終業時刻を15分遅らせることにつながる。また、これまでも休息時間は休憩時間と連続しておらず、昼休みを45分としてきた地方公共団体も存在している。このように、地方公共団体では、地域ごとの事情も異なるため、勤務時間の設定はまちまちであり、公務能率の増進などの点も総合的に勘案して、それぞれの実情に応じて決めることが必要であろう。

③ 交替制等勤務職員の取扱い

　国が行った民間企業に対する休息時間（有給）に相当する制度の調査は、通常の勤務形態の従業員が対象であり、それ以外の従業員についての状況の把握はまだ為されていないことから、公務の運営上の事情により特別の形態によって勤務する必要のある職員（交替制等勤務職員）の休息時間及び休憩時間については、当分の間、従前の例によることができるものとされている（平成18年 3 月 8 日付総行公22号）。ただし、交替制等勤務職員が、一般の職員と同様の勤務時間帯に勤務する場合は、一般の職員との均衡から、休憩時間（昼休み）を60分又は45分とし、かつ、休息時間を休憩時間と連続して置かないことが適当とされている（平成18年 4 月28日付総行公33号）。

休暇制度

4 年次有給休暇と争議行為

　年次有給休暇を利用して、一斉休暇闘争を行った場合、服務をどのように処理すればよいか。

　また、別の要件で年次有給休暇の承認を受けた後に、争議行為が行われることを知り、これに参加した場合の服務はどうか。

1 年次有給休暇の自由利用の原則

　「年次有給休暇の利用目的は労働基準法の関知しないところであり、休暇をどのように利用するかは、使用者の干渉を許さぬ労働者の自由である」というのが判例（最二小判昭和48年3月2日、民集27巻2号210頁）の解釈である。たとえば、労働者が成田闘争に参加する目的で年次有給休暇の時季指定を行ったとしても、信義則に反し、権利の濫用であるということはできない（最一小判昭和62年7月2日、労働判例504号10頁）。

　このため、年次有給休暇の取得権は労働者が取得時季を指定すれば、使用者が時季変更権を行使しない限り、時季の到来によって就業義務が消滅することになる。よって、労働者は何のために年次有給休暇を使うかを使用者側に明示する必要はなく、「承認」を得る必要すらない。

2 年次有給休暇を使用した争議行為への参加

　しかしながら、労働者が所属事業場の業務運営の阻害を目的とし

て、一斉に休暇届を提出して職場を放棄することは、年次有給休暇に名を借りた同盟罷業に他ならない（前掲最二小判昭和48年３月２日）とされており、また、事業場の労働者の一部が同様の行動をとることも、それによって当該事業場の業務の正常な運営の阻害を目的とするものであれば同盟罷業になり得る（最一小判昭和61年12月18日、判時1220号136頁）とされている。

　また、たまたま年次有給休暇を取得している労働者が、所属事業場の正常な業務の運営を阻害する目的を持って争議行為に参加した場合も、業務を運営するための正常の勤務体制が存在することを前提に、その枠内で時季変更権の不行使を判断するという年次有給休暇の趣旨に反することから、年次有給休暇の効果は認められないとされている（最三小判平成３年11月19日、民集45巻８号1236頁）。

　これらの行為により、同盟罷業に入った労働者の全部について、賃金請求権が発生しないこととなる。

　なお、前掲最高裁昭和48年３月２日判決によれば、他の事業場における争議行動等に年次有給休暇を取得した労働者が参加したか否かは、当該年次有給休暇の成否に影響するところはないとされているので注意を要する。

③ 地方公務員の場合

　地方公務員については、もともと争議権が認められておらず、これらの判例を用いるまでもないことである。しかしながら、給与改定を行う時期などには、職員団体並びに労働組合により、勤務時間内に年次有給休暇を利用した集会等が行われる場合がある。

　こうした行為により各事業所の正常の業務運営が阻害されるような事態になる場合には、判例に従い賃金カットを行うなどの、適正な処置が必要となろう。

5　年次有給休暇の時季変更権

年次有給休暇に対する時季変更権の行使が許容される
のは、いかなる場合か。

1　時季変更権

　年次有給休暇が使用者の承認を待たずに成立する権利であること
は前問で説明したところである。これに対して使用者が意思表示を
し得る唯一の手段が「時季変更権」である。時季変更権は、労働者
が時季指定する日に休暇を与えることで「事業の正常な運営を妨げ
る場合」に意思表示によって行使することができる。代わりの休暇
日を使用者が指定する必要はないが、他の時季に年次有給休暇を与
える可能性が存在していなければならない。このため当該労働者が
退職前に時季指定した年次有給休暇など、他の時季に与えることが
物理的に不可能な場合には時季変更権は行使し得なくなる。

　特定の日に複数の労働者から、年次有給休暇の時季指定が競合し
た場合で、その一部に時季変更権を行使しなければならない場合
に、誰にこれを行使するかは、使用者の裁量に委ねられている（岡
山地判昭和55年11月26日、労民31巻6号1143頁）。

　時季変更権を行使する時期は、労働者の時季指定があった後、遅
くとも年次有給休暇の取得予定日前には行われるべきことが原則で
あり、不当に遅延した時季変更権の行使は許されない（最二小判昭
和58年9月30日、民集37巻7号993頁）が、労働者の時季指定が休
暇指定日の当日の朝など極めて近接して行われ、時季変更権の行使
を判断する暇がなかった場合には、休暇開始後にも行使し得る（最

一小判昭和57年3月18日、民集36巻3号366頁）。

2　事業の正常な運営を妨げる場合

　労働基準法39条5項に定める「事業の正常な運営を妨げる場合」とは、いかなる場合を指すかということだが、判例によれば、「事業の正常な運営を妨げる」とは、企業又はその一部の事業場において、ある特定の業務の正常な運営が一体として阻害されることをいう（札幌地判昭和50年11月26日判時801号3頁）。勤務割を変更して、代替勤務者を配置することが可能であるにもかかわらず、年次有給休暇の使用目的が使用者の意に沿わないという理由で、代替勤務者を確保する配慮をせずに、時季変更権を行使することは許されない（最二小判昭和62年7月10日、民集41巻5号329頁）。当該事業所における代替勤務者確保のための対応を考慮し、使用者が通常の配慮をしたとしても、代替勤務者を確保することが困難であると客観的に認められるときは、代替勤務者確保の行動をとらなくても、使用者の時季変更権の行使は違法ではない（最三小判平成元年7月4日、民集43巻7号767頁）、といった解釈が為されており、一般には「当該労働者の年次有給休暇の指定日の労働が、課や係等相当な単位の業務の運営にとって不可欠であり、かつ、代替要員を確保することが困難であることが必要」とされている。

　注意を要するのは、慢性的人員不足のために代替要員の確保が常に困難である場合などには、時季変更権行使の正当な理由とはならないとする解釈や判例（金沢地判平成8年4月18日、労民47集1・2号91頁）があることであり、職員定数の削減を進める地方公共団体にとって、時季変更権を行使する場合の裁量の範囲について、明確な判断が期待されるところである。

6　胎児が死亡した場合の妊娠出産休暇

多胎妊娠であった職員の胎児のうちの1人が胎内死亡してしまった場合、産前休暇及び産後休暇はどのように適用すればよいか。

1　多胎妊娠の場合の産前・産後休業

多胎妊娠の場合の産前休業については、平成10年4月1日施行の改正労働基準法により、10週から14週に休業期間が延長された。産後休業については従前どおり8週間を義務的に付与しなければならないとされている。

また、行政実例によれば、流産、人工妊娠中絶又は死産の場合であっても、妊娠4か月（85日）以上であれば産後休業を与えなければならないとされている（昭和23年12月23日基発1885号、昭和26年4月2日婦発113号）。

2　多胎妊娠の1子の死亡

多胎妊娠の場合で妊娠中に1子が死亡した場合に、その時期が妊娠4か月を経過していて、かつ当該1子を体外に摘出した場合には死産とされる。

しかし、多胎妊娠の場合には、摘出を行わない場合もあり、どちらの措置をとるかは母体及び胎児の状況を判断して、医師が決定することになる。死亡した1子を体外に摘出した場合には、その翌日から産後休業を取得し、残った胎児について産前6週に当たる日から単体妊娠としての産前・産後休業に入るものと解し、摘出を行わ

ない場合には、通常の単体妊娠になるものと解すのが適当であろう。

　ただし、多胎妊娠として既に産前休業に入っている場合には、そのまま多胎妊娠としての産前休業を継続するべきである。

7 産後休暇に引き続かない育児休業

育児休業は産後休業と引き続かずに取得することができるか。できる場合に、その引き続かない期間に上限はあるか。

育児休業を取得できる期間について、地方公務員の育児休業等に関する法律2条1項は、「子が3歳に達する日まで」と規定している。また、育児休業の始期は制度の趣旨からして、出産日から（女性職員の場合は産後休業終了の翌日から）となる。

この期間の範囲内において職員は「育児休業をしようとする期間の初日及び末日を明らかにして、任命権者に対し、その承認を請求する」（地公育児法2Ⅱ）こととされている。

このため、育児休業をいつから取得するかは職員の請求に任されており、請求時点で法令に定める要件を満たしていれば、産後休業と引き続かない場合でも育児休業を取得することができる。

具体的なケースとしては、両親が交代で育児休業を取得する場合、産後休業に引き続いて年次有給休暇を取得し、その後に育児休業を取得する場合などがある。

また、その「引き続かない期間」はどのくらいまでが可能となるかについては、特に規定されていないが、平成4年2月13日付自治能第20号により「『育児休業をしようとする期間』とは、連続する1の期間をいうものであること」としていることから、たとえ子が3歳に達する直前の数日であったとしても、要件を満たせば取得することができる。

8　育児休業の再承認

育児休業を取得して復職した職員が、同一の子について再度育児休業を取得できるのはどのような場合か。

　育児休業は、原則として、同一の子について2回取得できる。ただし、通称「産後パパ育休」及び「条例で定める特別の事情がある場合」については例外的に再度の育児休業が認められている。

（1）　産後パパ育休

　地方公務員の育児休業等に関する法律が平成21年11月30日に改正、平成22年6月30日に施行され、通称「産後パパ育休」が新設された。これは、男性職員の育児休業を促進することを目的に、最初の育児休業を「子の出生の日から国家公務員の育児休業等に関する法律第3条第1項第1号の規定により人事院規則で定める期間を基準として条例で定める期間内」（地公育児法2Ⅰ①）にした職員は、後述する「条例で定める特別の事情」（同法2Ⅰただし書）がない場合であっても、同一の子について再度の育児休業取得を認めるというものである。「人事院規則で定める期間」は、57日間（人事院規則19－0第4条の3）、つまり子の出生の日及び産後8週間とされている。

（2）　条例で定める特別の事情がある場合の再度の育児休業

　地方公務員の育児休業等に関する法律2条1項ただし書では、当該子について、既に2回の育児休業をしたことがあるときは、「条例で定める特別の事情がある場合を除き、この限りでない」と原則

的には認められないことを規定している。例外的に再取得が認められる「条例で定める特別の事情がある場合」については人事院規則19−0第4条に準じるよう指導が行われている（平成4年2月13日付自治能第20号）。

人事院規則で定められた「特別の事情」とは以下のとおりである。

① 育児休業の承認が、産前の休業を始め若しくは出産したことにより効力を失い、又は9条に規定する事由に該当したことにより取り消された後、当該産前の休業若しくは出産に係る子若しくは同条に規定する承認に係る子が死亡し、又は養子縁組等により職員と別居することとなったこと

② 育児休業の承認が休職又は停職の処分を受けたことにより効力を失った後、当該休職又は停職が終了したこと

③ 育児休業の承認が、職員の負傷、疾病又は身体上若しくは精神上の障害により当該育児休業に係る子を養育することができない状態が相当期間にわたり継続することが見込まれることにより取り消された後、当該子を養育することができる状態に回復したこと

④ 配偶者が負傷又は疾病により入院したこと、配偶者と別居したことその他の育児休業の終了時に予測することができなかった事実が生じたことにより当該育児休業に係る子について育児休業をしなければその養育に著しい支障が生じること

⑤ 1歳から1歳6か月に達するまでの子を養育するため、非常勤職員が当該子の1歳到達日の翌日を初日とする育児休業をしようとする場合に、当該職員又は当該職員の配偶者が当該子の1歳到達日において育児休業をしており、当該子の1歳到達日後の期間について育児休業をすることが継続的な勤務のために特に必要と認められる場合として人事院が定める場合に該当す

ること及び当該職員が当該子の1歳6か月到達日後の期間において育児休業をしたことがないこと

　なお、「1歳到達日の翌日」は、当該配偶者が⑤に掲げる場合、又はこれに相当する場合に該当して国等育児休業をする場合にあっては期間の末日とされた日の翌日以前の日とする

　※国等育児休業とは、国家公務員の育児休業に関する法律その他の法律の規定による育児休業

⑥　1歳6か月から2歳に達するまでの子を養育するため、非常勤職員が当該子の1歳6か月到達日の翌日を初日とする育児休業をしようとする場合に、当該職員又は当該職員の配偶者が当該子の1歳6か月到達日において育児休業をしており、当該子の1歳6か月到達日後の期間について育児休業をすることが継続的な勤務のために特に必要と認められる場合として人事院が定める場合に該当すること

　なお、「1歳6か月到達日の翌日」は、当該配偶者が⑥に掲げる場合、又はこれに相当する場合に該当して国等育児休業をする場合にあっては期間の末日とされた日の翌日以前の日とする

　※国等育児休業とは、国家公務員の育児休業に関する法律その他の法律の規定による育児休業

⑦　その任期の末日を育児休業の期間の末日とする育児休業をしている非常勤職員が、当該育児休業に係る子について、当該任期が更新され、又は当該任期の満了後に特定の官職に引き続き採用されることに伴い、当該任期の末日の翌日又は引き続き採用される日を初日とする育児休業をしようとすること

　なお、このような事情で再取得を認める場合でも、その期間は子が3歳に達する日（非常勤職員にあっては、最長で子が2歳に達する日）までであることに変わりはない。

9 育児時間と部分休業

育児時間と部分休業にはどのような差異があるのか。

① 両制度の趣旨

　育児時間は労働基準法67条に基づき設定された制度である。同規定では、生後満１年に達しない生児を育てる女性労働者に対して、哺育のために休憩時間とは別に１日２回各々少なくとも30分、その生児を育てるための時間を請求する権利を付与し、使用者に育児時間中の職員を使用してはならないとしている。これは、乳児を育てる女性労働者に対して、授乳その他の哺育のための時間を確保して、育児のための援助を与えようという趣旨の制度である。これに対して部分休業は、地方公務員の育児休業等に関する法律19条を根拠とし、職員が勤務を中断することなく、育児と仕事の継続が可能となるよう、職員が請求した場合において、公務の運営に支障がないと認めるときは小学校就学の始期、非常勤職員にあっては、３歳に達するまでの子を養育するため、無給で、１日の勤務時間の一部（２時間を超えない範囲内の時間に限る。）を勤務しないことができる制度である。

② 両制度の相違点

育児時間と部分休業は、以下の点が異なる。

①　対象となる子が、育児時間については１歳に満たない子であることに対して、部分休業は小学校就学の始期に達するまでの子である。

②　育児時間は労働基準法上の規定にもあるとおり、女性労働者を前提とした制度であるのに対して、部分休業は男女を問わない。このため、従来国の見解では、育児時間（保育時間）を男性職員に適用しないこととしていたが、平成10年４月１日から男性職員にも適用されることとなった。

③　育児時間を有給とするか無給とするかは、労使の自主的な判断に任されているのに対して、部分休業は法定で無給とされている。

④　両制度の付与時間について、育児時間が「１日２回各々少なくとも30分」とされているのに対し、部分休業は地方公務員の育児休業等に関する法律19条１項により、「２時間を超えない範囲内の時間に限る」とされている。

③　両制度の調整

　育児時間（保育時間）と部分休業の調整について、人事院規則19－０はその29条で保育時間を承認されている職員については、2時間から当該保育時間を減じた時間を超えない範囲内で部分休業を承認できることを定めている。

　これは部分休業が主として託児しながら勤務する職員について取得される制度であり、職員が１日の勤務時間の一部について勤務しないことによる公務の運営への影響、託児施設の開所時間等を考慮して、２時間を上限として認められていることから、調整が行われているものである。

　よって、地方公共団体においても、部分休業に加えて育児時間を付加的に承認し、１日のうち２時間を超える勤務を免除するような制度を定めることは、職務専念義務に照らして問題があるといえる。

10 育児短時間勤務制度と部分休業

育児短時間勤務制度と部分休業にはどのような差異が
あるのか。

1 育児短時間勤務制度

　地方公務員の育児休業等に関する法律の平成19年5月9日改正、
同年8月1日施行により、育児短時間勤務制度が創設された。本制
度は、育児を行う職員の職業生活と家庭生活の両立を一層容易にす
るための環境整備として、職員が職務から完全に離れることなく長
期にわたり仕事と育児の両立が可能となるよう、育児のための短時
間勤務をすることを認めるものである。制度概要は以下のとおりで
ある。

(1) 対象職員

　小学校就学の始期に達するまでの子を養育する常勤職員（地公育
児法10条）

(2) 勤務形態等

　地方公務員の育児休業等に関する法律10条1項1号から5号に掲
げるいずれかの勤務形態を選択して、当該勤務の形態により勤務す
る。週38時間45分勤務の職員の場合、次の①から⑤のとおりとな
る。なお、交替制等勤務職員については、⑤に掲げる勤務の形態に
限る（同法10条）。

①　日曜日及び土曜日を週休日とし、1日当たり3時間55分の勤
　　務（週19時間35分）

②　日曜日及び土曜日を週休日とし、1日当たり4時間55分の勤

務（週24時間35分）

③　日曜日及び土曜日並びに他の２日を週休日とし、１日当たり７時間45分の勤務（週23時間15分）

④　日曜日及び土曜日並びに他の２日を週休日とし、２日については７時間45分勤務、１日については３時間55分の勤務（週19時間25分）

⑤　１週間当たりの勤務時間が週19時間25分から24時間35分までの範囲内で条例で定める勤務形態

(3)　給与等

地方公共団体において、国家公務員の取扱いを基準として措置を講じなければならない（同法14条）。

(4)　並立任用

同一の職に、週38時間45分勤務の場合にあっては、週19時間25分から19時間35分の勤務である２人の育児短時間勤務職員を任用することができる（同法13条）。

(5)　育児短時間勤務に伴う短時間勤務職員

育児短時間勤務職員が処理できなくなる業務に従事させるため、短時間勤務職員（非常勤）を任用することができる（同法18条）。

② 部分休業との相違点

部分休業の概要については前問で説明したところであるが、勤務時間が短くなる点において同様である育児短時間勤務制度と部分休業は、以下の点が異なる。

①　育児短時間勤務は、勤務時間そのものを短くした勤務形態で勤務する制度であることに対して、部分休業は、勤務時間そのものは通常のままであるが、その一部（１日を通じて２時間を超えない範囲内）について職務専念義務を免除するものである。

② 育児短時間勤務は、育児短時間勤務をすることで職員が処理
できなくなる業務を処理するための短時間勤務職員を採用する
ことができるとともに並立任用をすることを認めている（週38
時間45分勤務の職員の場合、週19時間25分から19時間35分の勤
務となる職員に限る。）。さらに、一定の勤務形態での取得しか
認められない。これに対して、部分休業は、勤務時間そのもの
は全く変更されないものであり、かつ、1日2時間までしか認
められない一方、柔軟な取得が可能となっている。

③ 職員の取得しやすさの点で、育児短時間勤務は「育児短時間
勤務の請求に係る期間について、当該請求をした職員の業務を
処理するための措置を講ずることが困難である場合を除き承認
しなければならない。」と規定されているのに対して、部分休
業は、「公務の運営に支障がないと認めるときは、承認するこ
とができる。」と規定されている。

女性・母性の保護

11 女性の時間外勤務・夜間勤務

女性労働者を時間外勤務や深夜業に従事させる場合に留意すべき点としてはどのようなものがあるか。

　平成9年6月「雇用の分野における男女の均等な機会及び待遇の確保等のための労働省関係法律の整備に関する法律」の制定により、労働基準法が改正され、従来規制されていた女性の時間外及び休日労働並びに深夜業が、女性の職域の拡大を図り、均等な取扱いを一層進める観点から、平成11年4月1日をもって就労可能になった。

　しかしながら、法改正後も労働基準法における妊産婦等の母性保護規定は、その制度の趣旨から依然として規制対象であるので、地方公共団体においても、次問に述べるような保護規定を遵守しなければならない。

　さらに、育児休業、介護休業等育児又は家族介護を行う労働者の福祉に関する法律が同時に一部改正され、事業主は小学校就学の始期に達するまでの子を養育する労働者であって、次のいずれにも該当しない者が、その子を養育するために請求した場合においては、事業の正常な運営を妨げる場合を除き、午後10時から午前5時までの間、その者を労働させてはならないとしている。

① 　引き続き雇用された期間が1年に満たない労働者

② 　深夜において、その子を常態として保育することができる同居の家族その他の厚生労働省令で定める者がいる労働者

③ 　前記①②のほか、厚生労働省令で定める労働者

12　母性保護の諸制度

労働基準法は母性保護のため、種々の規制を定めているが、その内容はどのようなものか。

労働基準法等の定める母性保護には以下のものがある。

(1)　妊産婦の不利益取扱いの禁止（労基法19Ⅰ・39Ⅷ）

使用者は、産前産後の休業期間及びその後30日間は、当該女性労働者を解雇できず、また、産前産後の休業期間は労働基準法39条1項及び2項の年次有給休暇の付与要件の上では出勤したものとみなされる（これは育児休業の期間も同様である。）。

(2)　有害業務への就業禁止（同法64の3Ⅰ・Ⅱ）

妊産婦を重量物を取り扱う業務、有毒ガスを発散させる場所における業務、その他の妊娠、出産、哺育などに有害な業務に従事させてはならない。また、妊産婦以外の女性も妊娠・出産機能に有害な業務に従事させてはならない。

(3)　産前産後の休業（同法65Ⅰ・Ⅱ）

使用者は6週間以内（多胎妊娠の場合は14週間以内）に出産する予定の女性が休業を請求した場合には、その者を就業させてはならない。また、産後8週間を経過しない女性を就業させてはならない。

ただし、産後6週間を経過した女性が請求した場合で、医師が支障がないと認めた業務に就かせることは差し支えない。

(4)　軽易業務への業務変更（同法65Ⅲ）

使用者は、妊娠中の女性労働者が請求した場合には、軽易な業務に転換させなければならない。軽易な業務の種類については、原則

的に当該女性労働者が請求した内容であるとされている。また、業務内容だけでなく、労働時間帯の変更も含まれるとされている。

(5) 変形労働時間制の適用制限（同法66Ⅰ）

使用者は、妊産婦が請求した場合に、労働基準法32条の２、32条の４、32条の５に定める変形労働時間制を適用されている時にも、法定労働時間を超える労働に就かせてはならない。

(6) 時間外、休日、深夜労働の禁止（同法66Ⅱ・Ⅲ）

使用者は、妊産婦が請求した場合に、労働基準法33条及び36条に定める時間外・休日労働をさせてはならず、深夜業の適用除外者であっても深夜業をさせてはならない。

(7) 育児時間の付与（同法67Ⅰ）

使用者は、１歳未満の生児を育てる女性労働者が請求したときは、休憩時間の他に１日２回各々少なくとも30分の育児時間を与えなければならない。

(8) 生理休暇（同法68）

使用者は、生理日の就業が著しく困難な女性労働者が休暇を請求したときは生理日に就業させてはならない。

(9) 妊産婦の健康管理措置（男女雇用機会均等法12・13）

使用者は妊産婦が請求した場合には、母子保健法に定める保健指導・健康診査を受ける時間を確保するとともに、その結果を受けて、医師等の指導があった場合には、勤務時間の短縮、通勤緩和、休養等の措置をとらなければならない。

その他

Q 13 人事評価に関する措置要求

人事評価の結果について措置要求できるか。

　「職員は、給与、勤務時間その他の勤務条件に関し、人事委員会又は公平委員会に対して、地方公共団体の当局により適当な措置が執られるべきことを要求することができ」（地公法46）、「要求があったときは、人事委員会又は公平委員会は、事案について口頭審理その他の方法による審査を行い、事案を判定し、その結果に基いて、その権限に属する事項については、自らこれを実行し、その他の事項については、当該事項に関し権限を有する地方公共団体の機関に対し、必要な勧告をしなければならない」（同法47）とされている。

　このように職員が措置要求できるのは、「給与、勤務時間その他の勤務条件」に関してである。ここで、「勤務条件」とは、「給与及び勤務条件のような、職員が地方公共団体に対し勤務を提供するについて存する諸条件で、職員が自己の勤務を提供し、又はその提供を継続するかどうかの決心をするに当たり一般的に当然考慮の対象となるべき利害関係事項であるもの」（昭和26年4月18日法務府法意一発20号、昭和33年7月3日法制局一発19号、行実昭和35年9月19日自治丁公発40号）を指し、いずれにしても、給与（諸手当を含む。）、旅費、勤務時間、休日、休暇をはじめ、執務環境、当局が実施する福利厚生、安全衛生などその範囲はかなり広いと解されている。

　人事評価の結果が措置要求の対象となるかという点に関しては、人事評価が勤務条件に該当するかを整理する必要がある。

　この点については、「勤務評定制度（平成28年改正施行前の法40）は人事の公正な基礎とするために、職員の勤務について職員に割り当てられた職務と責任を遂行した実績を評定し、記録するとともに、執務に関連してみられた職員の性格、能力および適性を記録するものであり、職員の勤務実績を記録するものであるから、それ自体は勤務条件ではないので措置要求することはできない」とされている（行実昭和33年5月8日自丁公発62号、東京地判昭和36年10月5日）。平成28年4月1日に改正施行された地方公務員法では、人事評価を任用、給与、分限その他の人事管理の基礎として活用するものとされているが、勤務評定と同じく制度自体は勤務条件そのものとはいえないので、勤務条件に関する措置要求の対象とはならない。

　また、別のアプローチとして、職員団体の交渉事項は、職員の給与、勤務時間その他の勤務条件及びこれに附帯して、社交的又は厚生的活動を含む適法な活動に係る事項（地公法55Ⅰ）であるが、地方公共団体の事務の管理及び運営に関する事項は対象とすることができない（同法55Ⅲ）とされている。勤務成績の評定制度の企画、立案及び実施については、学説、判例、行政実例等で管理運営事項であるとされており、この点からも勤務条件には該当しないと整理できる。ただし、人事評価の結果を特別昇給や手当額決定の根拠とするなど、人事評価制度が勤務条件に影響を与える場合については、判断を要する。

　この点について、次の場合は、いずれも措置要求の内容が職員の勤務条件とはいえないとして却下されている。

① 職員の成績特別昇給の決定根拠の開示を求めたケース

② 特別昇給に係る推薦者名簿及び決定者名簿並びに調整の内容及び理由の開示を求めたケース

③ 要求者に特別昇給の決定をしなかった理由及び決定に係る評

定基準の開示を求めたケース

④　特別昇給に関して恣意的評定をしないよう管理職（校長）を
指導することを求めたケース

一方、勤勉手当の減額支給措置の是正を求めた事例で、結果とし
て棄却されているが、要求自体は勤務条件に当たると判断されたも
のがある。

第 **4** 章

労使関係

職員団体

Q

1 外郭団体派遣職員の職員団体等への
加入

外郭団体に派遣されている職員は、派遣元の地方公共
団体の職員団体に加入することができるか。

また、外郭団体の固有職員で組織されている労働組合
に加入することができるか。

1 職員団体の構成員・役員

地方公務員法の規定によれば、職員団体はその構成員のすべてが
同一地方公共団体の職員（地公法52Ⅱで定める「職員」）で構成され
ている必要はない。しかし、職員団体は当該地方公共団体の職員の
利益のために職員が組織する団体である以上、構成員の主体が職員
でなければならないことは当然である。構成員の主体が職員である
か否かについて判断する明確な基準はないが、少なくとも職員団体
の構成員の過半数が当該地方公共団体の職員で占められていなけれ
ばならないと考えるのが妥当であろう。

また、異なる地方公共団体の職員や非職員が加入している職員団
体は、同法53条に規定する登録資格がなくなることになるので注意
を要する。ただし、職員団体の役員については、役員選出の自由が
あるので、産別組織の上部団体の役員や弁護士などの非職員が就任
しても登録要件を欠くことにはならない（地公法53Ⅳ）。

② 外郭団体への派遣形態と職員団体への加入

　地方公共団体から公社等の外郭団体に職員を派遣する場合、おおむね次の4つの方法が考えられる。

　①　地方公共団体を退職させて、外郭団体の職員に採用する（退職・再採用）。

　②　条例に基づき職員を休職させ、外郭団体に派遣する（休職派遣）。

　③　条例に基づき職員の職務専念義務を免除して、外郭団体に派遣する（職免派遣）。

　④　職務命令により、外郭団体の事務に従事するよう命ずる（事務従事命令）。

　②～④のように当該地方公共団体の職員としての身分を失わない場合は、職員団体の登録要件に何ら影響は生じないが、①のように職員としての身分を喪失している場合には職員団体に加入することはできるが、②～④と違って、当該職員団体の登録要件を欠くことになることは既に述べたとおりである。

　また、具体的な派遣の形態は次のとおりである。

　まず、公益的法人等への一般職の地方公務員の派遣等に関する法律（以下「公益的法人等派遣法」という。）による派遣として、次の2つの形態がある。

　①　公益的法人等への派遣

　　ア　一般社団法人又は一般財団法人

　　イ　地方独立行政法人法（平成15年法律第118号）8条1項5号に規定する一般地方独立行政法人

　　ウ　特別の法律により設立された法人（前号に掲げるもの及び営利を目的とするものを除く。）で政令で定めるもの

　　エ　地方自治法（昭和22年法律第67号）263条の3第1項に規

定する連合組織で同項の規定による届出をしたもの
②　営利法人への派遣
特定法人（地方公共団体が出資している株式会社）
また、公益的法人等派遣法によらない派遣として、次の2つの形態がある。
③　地方自治法252条の17に基づく地方公共団体等への派遣
④　地方公務員等共済組合法18条、地方公務員災害補償法13条に基づく地方公務員共済組合、地方公務員災害補償基金への派遣等
ただし、②以外は、公務員の身分を保有している。

③　労働組合への派遣職員の加入

　地方公務員法には、労働組合法上の労働組合への地方公務員の加入を否定する規定はない。また、労働組合法の行政実例では、一般職に属する国家公務員が、個人として労働組合法上の労働組合に加入することは差し支えない（昭和24年4月19日労収239号）とされていることから考えれば、派遣職員が当該外郭団体の労働組合に加入することは可能と考えられる。よって、当該地方公共団体を退職して派遣されている場合はもちろん、休職派遣、職免派遣、職務命令派遣の場合にも労働組合に加入することはできる。
　しかし、職務命令派遣の場合には、当該職員の給与、勤務時間等の主要な勤務条件は、派遣元自治体において決定されていることから、このような派遣職員が組合員の過半数を占めるようになった場合、当該労働組合は労働組合法2条に定める「主体性」を欠く労働組合となる懸念がある。

Q 2　職員団体組合費のチェックオフ

職員団体からの依頼に基づき、組合費のチェックオフを行うことができるか。

また、地方公営企業労働関係法上の労働組合からの依頼の場合はどうか。

　職員の給与は、法律又は条例により特に認められた場合を除き、その全額を支払わなければならず、全部又は一部を控除して支払うことはできない（全額払の原則、地公法25Ⅱ）。したがって、チェックオフは法律又は条例で特に認められた場合に限り行うことができることとされている。職員団体の組合費をチェックオフすることも条例で規定することにより可能とはなるが、労使の自主性を尊重するという趣旨からすると、当局の組合に対する便宜供与の１つであり、不当な干渉のために使用されるおそれもあるので、とりわけ慎重に対処する必要がある。

　当然のことながら、条例に定めのないチェックオフ、たとえば各分課や出先機関などで職員に給与を支給する際に組合費を天引きする「袋引き」などは全額払、直接払の原則に反し、違法となる。いったん個々の職員に給与が支給された後に、職員団体役員が個々の職員から組合費を徴収すれば全く問題ない。

　企業職員、単純労務職員の賃金については、労働基準法24条１項に基づき、法令に特別の定めがある場合又は当該事業場の過半数が加入する労働組合（そのような労働組合がない場合は、当該事業場の過半数の代表者）との間の書面による協定（２４協定）がある場合には、全額払の例外が認められる。したがって、企業職員、単純

労務職員が組織する地方公営企業労働関係法上の労働組合の組合費についても、法令（条例を含む。）に特別の定めがある場合又は労使で労働基準法24条に基づく協定を締結した場合には、チェックオフが認められる。

3　職員団体等の時間内組合活動①

　職員団体が勤務時間内に組合活動を行うことができる
のは、いかなる場合か。
　また、地方公営企業労働関係法上の労働組合の場合は
どうか。

1　職員団体の時間内組合活動

　職員は、勤務時間中には地方公務員法35条の規定により職務専念
義務が課せられており、職員団体及び労働組合の活動には原則とし
て従事することができない。また、職員が勤務時間中に給与を受け
ながら職員団体のための活動を行うことは、同法55条の2第6項の
規定により禁止されている。これらの規定の例外として、法令で認
められている時間内組合活動を無給の場合と有給の場合に整理する
と次のようになる。なお、以下においては、地方公務員法35条に基
づく条例を「職免条例」、同様に同法55条の2第6項に基づく条例
を便宜上「ながら条例」と呼ぶ。

　(1)　無給の時間内組合活動

①　在籍専従として許可され、休職となった場合（地公法55の2
　Ⅰ・Ⅱ）

②　「職免条例」の中で特に認められている場合（いわゆる組合
　休暇（職専免））

　(2)　有給の時間内組合活動

　職員が有給で時間内組合活動を行うには、法律又は「職免条例」
によって職務専念義務が免除され、かつ「ながら条例」に定めがあ
る場合に限られる。なお、給与の支給に関わることなので、給与条

例の中でも特に減額免除について定める必要があると解される。

　自治省（現総務省）が示している「ながら条例」準則では、職員は次の各号に掲げる場合に限り、給与を受けながら職員団体のためその業務を行い、又は活動することができるとされている。

①　地方公務員法55条に基づく、適法な交渉を行う場合

②　特に勤務を命ぜられていない休日

③　年次有給休暇をとった場合

④　休職中の期間

　このうち、「適法な交渉」の対象となる事項についてであるが、職員の給与、勤務時間その他の勤務労働条件及びこれに附帯する社交的又は厚生的活動に係る事項に限られるものであり、地方公共団体の管理運営事項や地方公共団体の権限外の事項を交渉の対象とすることはできない。また、部課長や出先機関の長は、勤務条件等に関して権限を持つ場合にのみ当局となり得るものであり、権限が委任されていない事項についての交渉や、上級機関に取り次ぐべきという趣旨の交渉があったとしても、「適法な交渉」には該当しない。

　この「適法な交渉」として有給での取扱いをすることができる活動の範囲については、自治省（現総務省）から、「適法な交渉」以外に次の各号が示されている。

①　適法な交渉に入る前の20 〜 30分程度の時間

②　地方公務員法55条５項後段の「取り決め」がその趣旨に従って運営される限りその必要最小限の時間

③　適法な交渉の場所に参集するに要する20 〜 30分程度の時間

② 地方公営企業等の労働関係に関する法律上の労働組合の時間内組合活動

　公営企業職員・単純労務職員にも地方公務員法35条の適用があ

り、法律又は職免条例に規定がなければ時間内組合活動を行うことはできないことは一般職の非現業職員と同じである。このため、地方公営企業等の労働関係に関する法律6条は、在籍専従の許可を得ない限り、職員が専ら労働組合の業務に従事することができない旨定めている。しかしながら、地方公務員法第52条以降の職員団体に関する規定は公営企業職員・単純労務職員には適用されないため（地公企法39）、民間企業と同様に労使自治の原則に従って職員が時間内組合活動を行い得る場合を労使の協議に基づく労働協約により定めなければならないが、職務専念義務との関係からすれば、適法な交渉を行う場合、苦情処理共同調整会議に参加する場合など必要最小限の時間に限定されるべきである。

　また、給与の取扱いであるが、勤務時間中に行われた労働組合の活動については、原則として無給とすべきものであるが、例外的に労働組合法7条3項ただし書の規定により協議又は交渉を行う場合には、給与を支給しても経理上の援助には当たらないものとされている。なお、「ながら条例」は職員団体のための活動にかかるものであるので、労働組合のための活動について、「ながら条例」を適用又は準用して有給での取扱いを行うことはできない。同法7条3項ただし書の規定により協議又は交渉を行う場合に有給での取扱いを行うためには、給与条例、職専免条例等適切な根拠を整理しておくことが必要である。

4 　職員団体等の時間内組合活動②

組合休暇（職専免）の期間は何日が適当か。

　組合休暇（職専免）は、前問で説明したとおり、無給の時間内組合活動の形態の1つであるが、その取扱いについて、自治省（現総務省）から、次のように示されている。

① 　職員1人当たり年間一定期間（30日以内において、当該地方公共団体の区域その他の事情を考慮して定める相当の日数）以内の日数に限る

② 　登録職員団体又は労働組合の規約に定める執行機関、監査機関、議決機関（代議員制をとる場合に限る。）、投票管理機関及び特定の事項について調査研究を行い、かつ、当該登録職員団体又は労働組合の諮問に応ずるための機関の構成員として当該機関の業務に従事する場合並びにこれらの団体の加入する上部団体の前記の機関に相当する機関の業務でこれら登録職員団体又は労働組合の業務と認められるものに従事する場合に限定して運用する

③ 　適法な交渉のための往復の時間（適法な交渉の場所に参集するに要する20〜30分程度の時間は、適法な交渉のための時間に含まれるものとして差し支えないものであること。）は、前記「当該機関の業務に従事する場合」に含まれるものとして運用することができる

④ 　本期間については給与を支給してはならない

このうち、期間についてであるが、全国的規模で組織する登録職

員団体を有する国家公務員の場合、職員1人当たり年間30日を超えてはならないこととされていることに鑑み（人事院規則17－2）、これ以下の日数、つまり30日以内において、条例等において適当な日数を定めるべきものとされている。この「適当な日数」については、本来、職員の登録職員団体又は労働組合のための活動は、勤務時間以外に行うべきであることから、必要最小限にとどめるべきであり、具体的には当該地方公共団体の区域、出先機関の分布、在籍専従職員の有無、その数等を勘案して定めることが適当であろう。

　なお、条例等に上限日数を規定した場合においても、任命権者は業務遂行上の支障がない場合に相当と認める範囲内に限り、その裁量により職員に組合休暇を与えることができるにとどまるものであり、当然に上限日数まで与える取扱いをしなければならないものではない。

Q

5　上部団体に派遣される組合役員の在籍専従許可

登録職員団体から上部団体（産別中央本部・県本部、市労連など）に派遣される職員に在籍専従を許可することができるか。

1　在籍専従の許可要件

地方公務員法55条の2第1項は、原則として職員は職員団体の業務に専ら従事することができないこと、例外的に任命権者の許可を受けた場合に登録職員団体の役員としてならば、専ら従事することができることを定めている。この規定は職務専念義務と職員の団結権の調整を定めたものであり、地方公務員としての身分を有する以上、職員団体の業務に専ら従事することは極めて限定された場合に限られるのは当然である。

在籍専従となるための要件は、①任命権者の許可を受けること、②登録職員団体の役員の業務に専ら従事することの2つである。①については任命権者の裁量権を定めたものであり、②の要件を満たす場合か否かを十分に検討して適正な手続で許可すべきものであろう。問題となるのは②の要件をどの程度の範囲で認めるかである。

2　登録団体役員の範囲

地方公務員法の体系は、企業別労働組合を前提とした団結権を基本としているが、通常、職員団体は産別上部団体に属し、全国的あるいは都道府県単位の組織と密接に連携した活動を行っている。地方公務員の勤務条件が都道府県の場合は国の人事院勧告に、市区町

村の場合は都道府県の人事委員会勧告によって、大きく左右される現状からすれば、その活動形態は一定の社会的合理性を持つと考えられる。

　このような職員団体の組織実態を踏まえた場合、地方公務員法55条の2第1項の規定を限定的に解し、当該職員の所属する地方公共団体の登録職員団体の役員のみを在籍専従の対象とし、その上部団体の役員に従事する者には在籍専従を適用しないとすれば、当該地方公共団体の労使関係に無用の混乱を招き、あるいはヤミ専従などの不正行為を生み出す結果ともなりかねない。

　とはいえ、上部団体の業務が派遣元の登録職員団体の業務と全く無関係であるならば、当該派遣役員の在籍専従を認めることは同法55条の2第1項の任命権者の裁量権を逸脱することになろう。

　任命権者は、上部団体の役員から在籍専従の許可申請があった場合には、当該上部団体の業務、当該役員の業務が登録職員団体の業務とどのような関連を持つのか調査し、明確な業務関連性が認められる場合に限って在籍専従の許可をすべきであろう。

〔参考判例〕　大阪地判平成4年10月2日　平4（行ウ）18号
　「原告は未登録団体である労連に派遣され、その業務に従事すると認めるのが相当であるが、労連は市職労等傘下の組織の中枢としてこれを統括するのであり、労連の業務は市職労等の固有業務と密接に関係していること……に照らすと、原告において労連に派遣されることにより、市職組の業務に専念することの実質が失われるとは即断し難い。」

6　職員団体活動と施設管理

地方公共団体における施設管理とはどのようなものか。特に組合活動との関わりはどうか。

①　施設管理と組合活動

　地方公共団体の施設（庁舎）は、公有財産に当たり（自治法238）究極的には住民共有の財産であるから、特定の労働団体に優先的に施設利用が認められないことは当然である。職員団体や労働組合が庁舎内で会議を開いたり、ステッカー等を貼付したりする場合には、あらかじめその利用が包括的に許可されている組合事務室等を除き、庁舎管理者の許可が必要である。

　地方自治法149条６号は、地方公共団体の長の担任事務として、「財産を取得し、管理し、及び処分すること」と規定し、地方公共団体の施設における庁舎管理権が長にあることを定めており、この庁舎管理権の濫用がない限り、労働団体が無許可で庁舎内で行う集会等の活動は違法性を有することとなる。

〔参考判例〕（「新宿郵便局事件」最判昭和58年12月20日）

　「労働組合又はその組合員が使用者の許諾を得ないで、使用者の所有し管理する物的施設を利用して組合活動を行うことは、これらの者に対しその使用を許さないことが当該施設につき使用者が有する権利の濫用であると認められるような特段の事情がある場合を除いては、当該施設を管理する使用者の権利を侵し、企業秩序を乱すものであって、正当な組合活動に当たらず使用者においてその中

止、原状回復等必要な指示、命令を発することができる」

② 具体的な問題

以下、施設管理と組合活動に関わる具体的な問題を個別に検討する。

(1) 組合事務室の使用許可

地方自治法238条の４第７項は、「行政財産は、その用途又は目的を妨げない限度においてその使用を許可することができる」と規定し、行政財産の目的外使用が認められている。したがって、庁舎管理者が特に許可した場合に限り、組合事務室の使用が認められることになる。

(2) 組合専用の掲示板の設置、ステッカー等の貼付

組合が庁舎内に専用の掲示板の設置を求めてきた場合、庁舎管理者は、その設置を許可することができる。ただし、許可目的や許可条件に違反しないことが当然の制約となり、違反をした場合には、許可を取り消すことができる。

庁舎内に庁舎管理者の許可を得ないで、ステッカー等を貼付することは認められない。組合が庁舎管理者の許可なく貼付した場合には、組合に撤去するよう警告を行い、従わない場合には管理者が自ら撤去することもできる。撤去したステッカーは保管しておき、期限を切って組合に取りにくるよう通告する。期限を過ぎても取りにこない場合は破棄してもよい。また、ステッカーを剥がす際に、施設に傷がつき経費がかかった場合には、組合に対して損害賠償を請求できる。当局が、貼付されたビラの撤去に要した費用を共同不法行為による損害であるとして、その賠償額と年５分の遅延損害金を労働組合に請求し、すべてが容認された判例がある（「国鉄甲府総合事務所事件」東京地判昭和50年７月15日）。

(3) 庁舎内における職場集会や頭上報告（オルグ）

　組合が庁舎内で行う職場集会や頭上報告（オルグ）には、2つの問題がある。1つはこれらの行動が勤務時間内に行われた場合の服務上の問題（争議行為の禁止、職務専念義務）、もう1つは庁舎管理上の問題である。ここでは、庁舎管理上の問題に限って検討する。

　一般に自治体における庁舎管理については、庁舎管理規則が定められ、これに基づいて管理が行われている。庁舎管理規則では、庁舎内の秩序を乱し、公務の円滑な遂行を妨げる行為は禁止されているのが普通であり、組合の職場集会や頭上報告（オルグ）は、当然この規定に違反するものである。したがって、管理者は警告を発し、中止させるなど適切な処置を講じる必要がある。

〔参考判例〕（「目黒電報電話局事件」最判昭和52年12月13日）

　「休憩時間の自由利用といっても、それは時間を自由に利用することが認められたものにすぎず、その時間の自由な利用が企業施設内において行われる場合には、使用者の企業施設に対する管理権の合理的な行使として是認される範囲内の適法な規制による制約を免れることはできない。（中略）局所内において、演説、集会、貼紙、ビラ配付等を行うことは、休憩時間中であっても、局所内の施設の管理を妨げるおそれがあり、更に、他の職員の休憩時間の自由利用を妨げ、ひいては、その後の作業能率を低下させるおそれがあって、その内容いかんによっては企業の運営に支障をきたし、企業秩序を乱すおそれがあるのであるから、これを局所管理者の許可にかからせることは、前記のような観点に照らし、合理的な制約ということができる。」

団体交渉

Q

7 労働組合との交渉

地方公共団体は職員が加入している労働組合法上の労働組合から団体交渉の申入れがあった場合には、これに応じなければならないか。

1 地方公務員の労働組合への加入

非現業一般職の地方公務員の団結権については、地方公務員法52条の定めにより、職員団体を「結成し、若しくは結成せず、又はこれに加入し、若しくは加入することができる。」と規定されており、一般職の地方公務員は通常、地方公務員法上の職員団体に加入することが想定されている。

一方、公営企業職員は地方公営企業等の労働関係に関する法律に基づき、労働組合を結成し、これに加入することができ、単純労務職員（現業職員）は労働組合と職員団体のいずれも結成、加入することができる。

まず問題となるのは、非現業一般職の地方公務員が労働組合法上の労働組合に加入できるか否かということであるが、国家公務員に関する行政実例で「国家公務員法の一般職に属する職員は、一般の労働組合に加入することができる。」（昭和24年4月19日労収239号労政局長発福島県知事宛）という解釈がなされていることから、非現業一般職の地方公務員についても同様に解釈して差し支えないものと考える。

② 労働組合からの団交申入れへの対応

　次に、当該職員の加入する労働組合から、団体交渉の申入れがあった場合に、雇用者としての地方公共団体が交渉義務を負うか否かであるが、これについてはまず、当該労働組合の性質から判断すべきである。

　当該労働組合の構成員の過半数を地方公務員が占め、その組合の重要な地位に多数就任しているような状態であれば、この労働組合は労働組合法2条に定める労働組合ではなく、地方公務員法に規定する職員団体と位置づけられる。

　この場合、同一地方公共団体の職員のみで構成されない職員団体であることから、登録要件を欠くことになり、団交応諾義務は生じない。

　一方、地方公務員以外の民間企業に勤務する労働者等が主たる構成員である労働組合であった場合には、この労働組合は労働組合法上の労働組合であり、通常（民間）の労使関係からいえば、労働組合が組合員の労働条件の改善を求めて団体交渉を申し入れてくる以上、地方公共団体は使用者としての立場で団体交渉に応じる義務が生じるようにも考えられる。

　しかしながら、地方公務員法52条以下の諸規定は労働組合法に対する特別法であり、また、勤務条件条例主義、人事委員会勧告制度、身分保障制度等の諸規定を定めた立法趣旨からすれば、非現業一般職の地方公務員の勤務条件について、民間の労働組合との交渉を認めることはできないと解すべきである。

　これに対して、単純労務職員が加入している労働組合からの交渉の申入れに対しては、労働組合法上の交渉義務が生ずるため、地方公共団体は誠実に交渉に応じなければならない。交渉の結果、労働組合と労働協約を締結しその協約の内容と条例との間に乖離が生じ

た場合には、任命権者は労働協約の内容に沿って、条例改正案を議
会に付議して議決を求める義務が生じる。

8 外郭団体の労働組合との交渉

公社、財団等外郭団体の固有職員で組織する労働組合が地方公共団体に対して団体交渉を申し入れてきた場合に、地方公共団体の当局はこれに応じる義務があるか。

公社、財団などの外郭団体は、地方公共団体とは別法人であり、当該外郭団体の固有職員についての「使用者」は外郭団体である。よって、外郭団体の固有職員の労働条件についての労使交渉は、一義的には外郭団体の管理者が行うべきである。

しかしながら、判例や労働委員会裁定の傾向は、派遣労働者の労働組合が派遣先企業に対して団体交渉権を有するか否か、あるいは子会社の労働組合が親会社に対して団体交渉権を有するか否かが争われたケースにおいて、派遣先企業や親会社が、派遣労働者あるいは子会社の労働者の労働条件について、現実かつ具体的な支配力を有していたり、実質的な解決能力を握っているような場合には、派遣先企業や親会社も団交応諾義務を負うと判断している（最三判平成7年2月28日労判668号11頁〔朝日放送事件〕など）。

また、地方公共団体についても、市教育委員会が給食調理業務を公社に委託している場合に、当該公社職員の労働条件について、市教育委員会が実質的に支配力、影響力を有し、これを行使してきた経緯があることから、公社とともに「使用者」として団交に応じるべきとされた地方労働委員会命令がある（福岡地労委昭和58年6月6日命令集73・416）。したがって、外郭団体の固有職員の労働条件について、地方公共団体が実質的な支配力を有している場合に、当

該外郭団体の労働組合からの団交申入れを拒否すると、不当労働行為となる可能性がある。

Q

9 組合員名簿の未提出を理由とした団交拒否

　地方公共団体に勤務する非常勤職員が加入する労働組合から、当該地方公共団体の当局に対して団体交渉の申入れがあった。当局側は当該労働組合に加入する非常勤職員を特定できず、その人数も確認できないので、組合員名簿を提出しなければ、交渉を受けられない旨回答した。このような対応は団交拒否に当たるか。

1 非常勤職員の団結権

　地方公共団体の非常勤職員で構成される労働組織が、労働組合法上の労働組合となるのか、地方公務員法上の職員団体になるのかは、当該非常勤職員が一般職であるか特別職であるかによって異なる。

(1)　一般職である場合には、地方公共団体の常勤一般職が組織する職員団体に加盟しても、当該職員団体の登録要件を侵害することはなく、また、非常勤職員のみで職員団体を組織することもできる。

(2)　一方、特別職である場合には、当該非常勤職員が主体となっている限り、労働組合法上の労働組合である（当該組合の構成員の過半数が常勤一般職の地方公務員であるような場合には、非登録職員団体というべきである。）。

2 団交応諾義務の有無

　前項(1)の職員団体で人事委員会の登録を受けた登録団体から、職員の給与、勤務時間その他の勤務条件等について、団体交渉の申入

れがあった場合には、地方公務員法55条１項の規定により、地方公共団体の当局は交渉に応ずべき地位に立つことになる。

　前項(2)の労働組合から、当該職員の労働条件に関する事項について、団体交渉の申入れがあった場合には、正当な理由なくこれを拒むと、労働組合法７条２号に定める不当労働行為となる（団交拒否）。しかし、当該労働組合の組織実態が、先に述べたような非登録職員団体であることが明らかな場合には、団体交渉を拒んだとしても不当労働行為の適用を受けないことは当然である。

③　組合員名簿の未提示と団交拒否の関係

　事例では、労働組合の組合員名簿の提示を団体交渉を受ける条件としているわけだが、このような行為が不当労働行為に該当するか否かについては、中央労働委員会の命令で使用者は従業員の中に組合員がいることさえ認知されれば、組合員名簿が提出されなくとも団体交渉を始めなければならないとされている（中労委昭和49年６月19日命令集53・516〔池上通信機事件〕）。

　しかし、地裁判決や地労委の命令では団体交渉開始後、交渉の遂行に名簿の提出が必要となる場合には、労働組合がこれに応ずることが必要とされた例（札幌地判昭和38年３月８日労民集14巻２号404頁）や合同組合が要求書を提出したが、交渉の席で組合員数すら明示しないことに対して交渉拒否を正当と認めた例（兵庫地労委昭和39年１月28日命令集30・362）がある。

　結局、労働組合が全く組合員と関係のない使用者に対して団体交渉を求めることは考えられないことであるから、事例の場合は組合員名簿が提出されないことだけを理由に団体交渉を拒否することは不当労働行為とされる可能性が高い。

Q

10 職員団体と労働組合との義務的交渉事項の差異

職員団体との交渉と労働組合法上の労働組合との交渉では、義務的交渉事項にどのような差異があるのか。

① 義務的交渉事項の比較

地方公務員法55条1項で職員団体との交渉事項を「職員の給与、勤務時間その他の勤務条件に関し、及びこれに附帯して、社交的又は厚生的活動を含む適法な活動に係る事項」と規定している。勤務条件とは具体的には地方公営企業等の労働関係に関する法律7条各号に掲げる事項であると解される。すなわち、「賃金その他の給与、労働時間、休憩、休日及び休暇に関する事項」「昇職、降職、転職、免職、休職、先任権及び懲戒の基準に関する事項」「労働に関する安全、衛生及び災害補償に関する事項」などである。

これに対して、労働組合との交渉事項は現行法上明確に規定されてはいない。このため、当局が任意に応じる限りどのような事項でも交渉の対象とすることができるが、義務的交渉事項という場合には、労働組合が労働条件について交渉するために結成される団体であることから、「労働者の労働条件その他当該労使関係に直接関係する事項で、使用者が処分可能な事項」であると解される。

具体的には「賃金、割増賃金、諸手当、退職金、費用弁償などの金銭的な事項」「労働時間、交代制、休憩、休日、休暇などの労働時間に関する事項」「昇任、降任、休職、配転、懲戒、解雇、出向の基準とその手続に関する事項」「人事考課の方法、定年制に関する事

項」「福利厚生、教育訓練に関する事項」「労働安全衛生、災害補償、労働環境に関する事項」「組合活動のルール、団体交渉の手続に関する事項」などである。

② 管理運営事項について

　職員団体との交渉においては、地方公務員法55条3項において「地方公共団体の事務の管理及び運営に関する事項は、交渉の対象にすることができない」と規定されており、これは一般的に組織に関する事項、行政の企画・立案・執行に関する事項、職員定数及びその配置に関する事項、地方税・使用料・手数料等の賦課徴収に関する事項、財産、公の施設の取得・管理・処分に関する事項、予算編成に関する事項、条例の企画・立案・提案に関する事項、懲戒処分・分限処分・採用・退職・配置換などの具体的任命、勤務評定制度の企画・立案・実施に関する事項などであると解される。

　これに対して、先に述べたように労働組合との交渉事項で禁止されている事項はないが、労働判例等によると経営・生産等の企業運営に関する事項、具体的にいえば経営方針、企業組織、経営者・上級管理者の人事、生産計画生産方法、営業譲渡、業務の下請化などは原則的に義務的交渉事項にはならない。

　しかしながら、これらの事項であっても、その決定いかんが労働条件等に影響を与えるものであれば、その影響を受ける労働条件の範囲内で団体交渉の対象となる。たとえば、一部の業務を下請けに出す事自体は交渉の対象事項ではないが、これに伴って不要となる従業員の職場変更など処遇の問題は団体交渉の対象となる（名古屋地判昭和38年5月6日労民集14巻5号1081頁〔明治屋事件〕）。

　会社役員の人事であっても、労働組合がその解雇事由、手続に不安を覚え、将来の組合員の地位を危ぶんで交渉を求め、これを拒否

されたことに対して行われた争議行為について違法性がないとされ
た事例（最三判昭和35年 4 月26日民集14巻 6 号1004頁〔高知新聞社
事件〕）などがある。

第 **5** 章

服務・その他

服　務

Q

1　政治的行為の制限

　ある職員が特定政党の党員で熱心な活動家である。当該政党の機関紙を職場で配っているが公務員の政治的行為の制限に違反しないか。

1　政治的行為の制限の意義

　公務員は、全体の奉仕者であって、一部の奉仕者ではない（憲法15Ⅱ）。したがって、職員が一党一派に偏した行為を行うことは、全体の奉仕者という公務員の地位の本質に反することとなり、ひいては地方公共団体の行政の公正な運営を損なうおそれがある。また一方において、職員を政党等の政治的影響から保護し、行政の安定性、継続性を確保する必要がある。そこで、職員には特定の政治的行為が制限されている（地公法36等）。ここでいう職員には、職員としての身分を有する限り、現に勤務に就いている職員のみならず、休職・休暇中の職員、在籍専従の許可を受けている職員など、現に勤務に就いていない職員をも含み、勤務時間の内外を問わず制限を受ける。

　しかし、職員といえども一市民としては、法の下の平等の原則により、政治的関係で差別されず（憲法14Ⅰ、地公法13）、集会、結社、言論等の表現の自由を有する（憲法21Ⅰ）ものである。したがって、法律により制限される政治的行為以外の政治的活動は自由に行えるものであり、その制限は合理的で必要やむを得ない限度にとどまるものでなければならないとされる（最判昭和49年11月6日）。

2 制限される政治的行為

　地方公務員法36条により制限される政治的行為は、絶対的制限行為と相対的制限行為に分けられる。

　まず、絶対的制限行為とは、職員が地方公共団体の区域を問わずに絶対的に禁止される政治的行為で、①政党その他の政治的団体の結成に関与すること、②政党その他の政治的団体の役員になること、③政党その他の政治的団体の構成員になるように若しくはならないように勧誘運動すること（地公法36Ⅰ）である。

　相対的制限行為とは、特定の政党等、内閣、地方公共団体の執行機関を支持し、又はこれに反する目的、あるいは公の選挙又は投票において特定の人又は事件を支持し、又はこれに反対する目的を持って、①公の選挙又は投票において投票するように、又はしないように勧誘運動をすること、②署名運動を企画し、又は主宰するなどこれに積極的に関与すること、③寄附金その他の金品の募集に関与すること、④文書又は図画を地方公共団体の庁舎、施設等に掲示し、又は掲示させ、その他地方公共団体の庁舎、施設、資材、又は資金を利用し、又は利用させること等を行うことである。ただし、①から③については、職員が属する地方公共団体の区域内（支庁及び地方事務所に勤務する職員については、その支庁又は地方事務所の管轄区域内に限る。）においてのみ制限されている。

　なお、公立学校の教育公務員については、教育公務員特例法18条1項により、地方公務員法36条の規定にかかわらず、当分の間、国立学校の教育公務員の例によるものとされ、他の公務員に比べてより厳しく政治的行為が制限されている。また、企業職員（管理、監督の地位にある者を除く。）及び単純労務職員については、地方公務員法36条は適用されないことに注意を要する（地公企法39Ⅱ、地公労法17Ⅱ・附則Ⅴ）。

　また、選挙に際しては、地方公務員法上の政治的行為の制限に加え、公職選挙法上、公務員に課させられている制限にも配慮しなくてはならない。

③ 設問の場合

　まず、特定政党の党員である点はどうか。地方公務員法16条4項に規定する政党その他の団体の構成員になることを除き（この場合は、失職する。）、単なる党員になることは禁止されていない。しかし、当該政党の結成に関与したり役員となれば同法違反となる。特定政党の機関紙を職場で配る行為については、それが同法36条1項及び2項に規定する勧誘運動の一環として行われた場合には、制限違反の可能性がある。また、配布が勤務時間内に行われれば職務専念義務に違反し、配布の態様が喧噪にわたれば庁舎管理規則等に違反する場合があるだろうが、それは政治的行為の制限とは別の観点からの問題である。いずれにせよケースごとに、具体的に行為内容を検討し判断することになる。

　なお、国においては、政党機関誌の配布は、政治的行為として禁止されている（人事院規則14−7Ⅵ⑦）。

懲戒・分限

Q

2 特別職の懲戒処分

特別職の職員を懲戒処分する場合の根拠は何か。

1 一般職と特別職

地方公務員の職は、一般職と特別職とに分けられる（地公法3Ⅰ）。一般職は、特別職に属する職以外の一切の職とされ、特別職は、地方公務員法3条3項に列記されている。一般職と特別職との区別の基準は、必ずしも明確ではないが、特別職は、就任について公選又は議会の選挙、議決、同意を必要とする職をはじめ、地方公営企業の管理者の職、長等の秘書の職、臨時又は非常勤の職等、その選任の方法や勤務の態様等の点で、成績主義が全面的に適用される一般職とは異なるものである。また、懲戒制度についても、一般職は同法に基づき処分が行われるのに対して、特別職は、同法の適用がない（同法4Ⅱ）ため、特別の取扱いがなされている。

2 特別職の懲戒

昭和22年に地方自治法が制定された際、地方公務員についての詳細な規定は設けられず、将来地方公務員に関する統一的な法が制定されるまでの間の暫定的な措置として、同法の附則により従前の官吏に準ずる扱いが講じられた。つまり、都道府県の吏員に関しては、従前の都道府県の官吏又は待遇官吏に関する各相当規定を準用する（自治法附則5Ⅰ）とされた。これにより、都道府県の吏員（昭和22年5月3日の内務省通達によると、自治法附則にいう都道府県

の吏員とは、副知事、出納長、副出納長、事務吏員、技術吏員を指す）の懲戒に関しては、それまで適用されていた「官吏懲戒令」が準用されることになった。

その後、昭和25年に地方公務員に関する統一的な法として地方公務員法が制定されて、一般職については地方自治法附則に基づく暫定措置はなくなったが、特別職については、地方公務員法が適用されないため、依然、従前の規定を準用するものとされた。主な特別職の種類ごとに整理すると次のとおりである。

① 「長」 現行法上、懲戒処分の規定はない。懲戒的な対応として、知事の給料等に関する条例を改正し、一定期間、給料月額を減ずることにより、実質的な減給とすることは可能である。ただし、給料を返還することは、公職選挙法上の寄附の禁止（公選法199の２）に違反するおそれがある。また、住民が責任を追及する手段として、直接請求による解職（自治法81）が、さらには、議会の同意を得て自ら退職する場合（同法145）が考えられる。

② 「副知事」 既に述べたように、地方自治法附則５条により「官吏懲戒令」が準用される。懲戒の種類は、免官、減俸、譴責の３種である。懲戒処分の手続は、同法施行規程９条により設置される「都道府県職員委員会」の審査、議決を経て、知事が処分する。また、任期満了前に長が解職することが可能である（同法163）。

③ 「地方公営企業の管理者」 地方公営企業法７条の２第８項により、職務上の義務違反その他管理者たるに適しない非行があると認める場合には、長が懲戒処分として戒告、減給、停職又は免職の処分ができるとされている。

④ 「臨時又は非常勤の職」 それぞれの職を設置する根拠法令に

おいて定める処分に関する規定に基づき、処分することになる。身分上の規定がない場合にも、任命権者の裁量で解職等を行うことは可能と考えられるが、その場合、解雇制限、あるいは解雇の予告等の労働基準法の規定が適用される場合があるので注意を要する。

　なお、特別職についても、官吏懲戒令や地方公営企業法等に基づく懲戒処分によらず、事実上の措置である訓告や口頭注意などを行うことも可能である。

Q

3 起訴休職

職員が刑事事件に関し起訴された場合は、直ちに休職処分とすべきか。

1 起訴休職制度の趣旨

職員が刑事事件に関して起訴された場合には、その意に反してこれを休職することができるものとされている（地公法28Ⅱ②）。また、分限に関する手続及び効果についての条例準則によると、その休職の期間は、当該刑事事件が裁判所に係属する間とされ、休職者は、職員としての身分を保有するが、職務に従事しない。これを起訴休職（あるいは刑事休職）という。

地方公務員法が分限休職の１つとして起訴休職制度を設けた趣旨は、次の２点にある。１点目は、公務に対する信用保持への要請である。当該職員を起訴という犯罪事実についての相当程度客観性のある公の嫌疑を受けたまま引き続き公務に従事させることは、職場における規律ないし秩序の維持に影響を与え、ひいては公務に対する住民の信頼を失わせるおそれがある。そのため、起訴を要件として、当該職員を公務に従事させないこととした。２点目は、職務専念義務の確保への要請である。身柄を拘束されれば職務への支障は明白だが、身柄を拘束されない場合でも公判準備や公判への出頭等により職務専念義務を果たせなくなるおそれがあるからである。

では、職員が刑事事件に関して起訴された場合には、直ちに休職処分をすべきであろうか。

② 起訴休職に当たっての任命権者の裁量

　起訴休職は、処分を受ける職員にとっては、身分上又は給与上著しく不利益な処分である。かつては、起訴があったことを要件とし、かつ、それのみをもって自由裁量により起訴休職処分を行うことができるとする判例（東京高判昭和35年2月26日）もあったが、現在は、当該職員が起訴休職処分に付された場合に被る不利益をも総合的に考慮した上、起訴休職制度を設けた趣旨に適合し、かつ必要な限度においてのみ休職処分に付することができるものと解すべきである（東京高判昭和61年10月28日）として、全くの自由裁量ではないとされている。

　したがって、起訴休職すべきかどうかは、当該職員の地位、担当する職務内容、起訴事実の内容、起訴の態様等を具体的に検討し、判断すべきであり、こうした事情を一切考慮せずに、起訴されたことのみをもって処分を行えば、任命権者の裁量の範囲を超えるものとして違法な処分となる可能性があるだろう。

　起訴休職できる時期については、次のような判例及び行政実例があり、参考となる。①公務執行妨害罪で起訴された職員を一旦は休職処分にしないこととしたが、有罪判決の言渡しを契機として改めて検討した結果、有罪判決を受けた状態で職務に従事することは将来において公務の信用を失墜させるおそれが大きいと判断して休職処分にした事案に対する休職処分及び裁決取消請求事件について、本件処分には相当の合理性、必要性があり適法であるとした（東京地判昭和63年10月6日）。②職員が採用される以前に刑事事件に関し起訴されており、採用後に起訴の事実を知った場合でも休職処分にすることができる（行実昭和37年6月14日自治丁公発59号）。

③ 設問の場合

　以上のとおり、起訴休職は起訴の状態が継続していれば行うことができ、必ずしも起訴後直ちに処分しなければならないものではない。休職処分を行うか否かの判断は、起訴休職の趣旨に照らし、個別具体的に判断すべきであるが、実際に休職処分を発動するか否かに当たっては、判決があったときの対応も事前に検討しておく必要がある。

　つまり、失職に相当する判決を予想し、失職が確定する前に処分権者として懲戒免職処分を行うのか（判決確定前までは懲戒処分は可能である（行実昭和28年12月10日自行公発263号）。）、免職以外の懲戒処分を行った上で失職の例外規定を適用するのか、又は、失職の例外規定を適用した上で免職以外の懲戒処分を行うのかの3点を検討しておく必要がある。

　なお、懲戒事由が既に明確で、懲戒処分の量定もできる場合には、あえて起訴休職することは単に懲戒処分を先送りするものとなるため、直ちに懲戒処分すべきであることは、当然である。

4 非常勤職員の懲戒処分

非常勤職員を懲戒処分したいと考えているが可能か。

　まず、一般職非常勤職員については、常勤職員同様に地方公務員法が適用されるため、地方公務員法上の懲戒処分の対象となっている。また、特別職非常勤職員については、原則として地方公務員法の適用はない（地公法4Ⅱ）ため、地方公務員法上の懲戒処分は行えない。また、労働基準法においても就業規則で制裁について定めを設けることができるとしている（労基法89Ⅰ⑨）のみで、使用者の懲戒権を明確に根拠づける規定はない。

　しかしながら、懲戒とは特別の身分関係内における規律ないし秩序の維持のために一定の義務違反に対して、制裁を科することであり、この意味では使用者は本来的に固有の権限として懲戒権を有すると考えられる。

　制裁の方法としては労働基準法に、減給制裁の規定がある（同法91）のみであるが、制裁は、減給に限定されるものではなく公序良俗に反しない限り、譴責、出勤停止、懲戒解雇も差し支えない（行実昭和22年9月13日発基17号）ものである。なお、解職に際しては、当然に同法の19条、20条の適用があることに注意が必要である。

　いずれにせよ、地方公共団体においては、就業規則に相当し、かつそれぞれの職の設置根拠である「非常勤職員の設置に関する要綱」等で懲戒に関する定めをしておくことが適当である。

　なお、平成28年度改正地方公務員法に規定が設けられた、「会計年度任用職員」は「一般職の非常勤職員」であり、法律上、懲戒処分の規定は適用されることに留意する必要がある。

Q 5　失職の例外

交通事故で執行猶予付きの禁錮刑となった職員を失職させないことはできるか。

1　欠格条項と失職

　職員として採用し、あるいは職員としての地位を維持するためには、それにふさわしい一定の資格を有する必要がある。その資格要件を性質上から分類すると、教員免許や看護師資格のようにその資格を有していなければ、職務が遂行できないような積極的資格要件と、職員となることができない条件であり、この条件に該当する者は、職員として任用することができず、また、職員である者がこの条件に該当することとなった場合には、その職を失うことになるような消極的資格要件とに分けることができる。

　地方公務員法は、この消極的資格要件の典型として、16条で4つの欠格要件を規定している。つまり、同条各号の1つに該当する者は、職員となることができず、また、職員が各号（1号を除く。）の1に該当するに至ったときは、条例に特別の定めがある場合を除くほか、その職を失う（失職する。）こととされている（地公法28Ⅳ）。

　ここで問題となるのが、同条に定める欠格要件に該当しても失職しないことができるとされる「条例に特別の定がある場合」とは、どんな場合かという点である。

2　条例で定める失職の例外

　地方公務員法16条各号で定めるもののうち、3号「人事委員会又

は公平委員会の委員の職にあって、60条から63条までに規定する罪を犯し刑に処せられた者」、及び４号「日本国憲法施行の日以後において、日本国憲法又はその下に成立した政府を暴力で破壊することを主張する政党その他の団体を結成し、又はこれに加入した者」については、失職の例外を認める余地がないものであり、例外を認め得るものとしては、１号「禁錮以上の刑に処せられ、その執行を終るまで又はその執行を受けることがなくなるまでの者」についてであろう。

実際、「禁錮刑に処せられた職員」について、その刑にかかる罪が「過失」によるものであり、かつ、「その刑の執行を猶予された者」について、「情状」により、失職させないことができるとの失職の例外規定を「職員の分限に関する条例」で規定している地方公共団体の例がある。

しかし、欠格事由や失職については、職員の身分取扱いに重大な影響を与えるものであり、失職の例外の適用も限定的に、かつ、慎重に行うべきである。なお、こうした規定を条例に設けることは、一般的には、適切なものとは考えられないとされている（行実昭和34年１月８日自丁公発４号）。

③ 設問の場合

以上のことから、当該団体において条例に特別の定めがあれば、少なくとも法律上は失職させないことができることになる。確かに、自動車の使用がごく普通になっている現代において、公務員といえども交通事故の加害者にならないとは断言できない。特に業務上の交通事故で禁錮刑に処せられた場合に、直ちに失職することは、事情によっては、職員にとって過酷であるとも考えられる。また、交通事犯は、他の通常の犯罪と異なり、大半が過失によるもの

であり社会的非難の程度も軽度であるとの主張もある。

　しかし、情状を考慮してもなお、司法処分において禁錮刑に処せられるような交通事犯は、かなり悪質なものである場合がほとんどであり、そうした事故を起こした職員を公務に留めおくことには相当の合理的な理由が必要であろう。したがって、その適用は極めて例外的な場合に限定し、慎重に扱わなければならない。

6 条件付採用期間中の免職

条件付採用期間中の職員の勤務実績が良くない場合には、どのように取り扱うべきか。

1 条件付採用制度

職員の採用は、競争試験又は選考による能力実証に基づいて行われる（地公法15・17）が、職員としての適格性のすべてについて実証することは技術的に限界がある。そこで、採用後に、実地の勤務を通じて、能力の実証を行うために設けられたのが条件付採用制度である（同法22）。

条件付採用期間は、人事委員会規則等により延長される場合（1年を限度）を除き、原則として採用の日から6月である。この期間中に能力の実証が得られないような客観的な事情がある場合には、任命権者はその職員の採用を将来に向かって解除することができるとし、能力実証主義（成績主義）のより一層の実現を図っている。

なお、会計年度任用職員に対する条件付採用制度の適用については、常勤職員が6月のところ、1月とする特例を設けている（地公法22の2 Ⅶ）。

2 条件付採用期間中の免職処分の根拠

条件付採用職員には、分限に関する規定は適用されないため（地公法29の2 Ⅰ）、法律に定める事由によらず、その職員の意に反して免職することができる。

しかし、この場合においても、公正取扱いの原則（同法27 Ⅰ）、平

等取扱いの原則（同法13）の適用があることから、条件付採用職員の免職処分は全くの自由裁量ではなく、客観的合理的な理由がなければ許されないとされている（最判昭和49年12月17日）。

　また、条件付採用職員の分限については、条例で必要な事項を定めることができる（同法29の2Ⅱ）ことから、条例により分限事由を定めている地方公共団体においては、それによることとなる。定めていない場合には、国家公務員における条件付採用職員の規定（人事院規則11－4第10条）が参考となる。それによると、①官制の改廃等により過員を生じた場合、②勤務実績が不良の場合、③心身に故障がある場合等で、その官職に引き続き任用しておくことが適当でないと認めるときは、いつでも降任又は免職できることとしている。

③　条件付採用職員の免職処分と解雇予告

　条件付採用期間中の職員を免職する場合に、解雇予告制度（労基法20）が適用になるか否かであるが、解雇予告制度は労働者の利益を保護する制度であり、条件付採用制度とはその趣旨を異にしていること、また、労働基準法21条ただし書の規定があることから、条件付採用期間中の職員であっても引き続き14日を超えて使用されるに至ったときは、解雇予告の規定は適用されると解すべきである（行実昭和38年10月26日公務員課決定）。

　したがって、条件付採用職員を免職処分とするときは、①30日前に解雇予告をする、②30日分以上の解雇予告手当を支払う、③「労働者の責に帰すべき事由」（労基法20ただし書）による解雇予告除外認定を受ける、のいずれかの手続が必要となる。

④ 設問の場合

　任命権者は、運用上、条件付採用期間が終了する前に勤務成績の評定を行うこととなる。その際、職務を良好に遂行したか否かについては、行方不明等により無届欠勤が続く場合など明らかに勤務実績が良くないと考えられる場合を除いては、日々の指導内容及び当該職員の改善状況など、勤務実績や適格性の有無に係る具体的な事実に基づき判定することが必要であろう。このため、勤務実績が良くない徴表が現れた際には、その記録を具体的かつ詳細につけることが望ましい。

7 心身の故障がある職員への対応

病気休暇や病気休職を繰り返す職員にどのように対応するべきか。

1 病気休暇と病気休職

職員の精神又は身体に故障があり職務に支障を生じる場合の取扱いとして、以下の3つが挙げられる。

① 職員が疾病又は負傷のため、療養する必要があり、勤務しないことがやむを得ないと認められる場合に、必要最小限の範囲内で職員の申請に基づき休暇を承認する（以下「病気休暇」という。）。

② 心身の故障のため、長期の休養が必要な場合に、その意に反して休職の処分を行う（以下「病気休職」という。）。

③ 心身の故障のため、職務の遂行に影響があり、又はこれに堪えない場合には、その意に反して免職又は降任の処分を行う。

②及び③は分限処分であり、地方公務員法に定める事由による場合でない限り、職員は処分を受けることはない。また、懲戒処分とは異なり、公務能率の維持及び公務の適正かつ能率的な運営を目的として行われるものであり、職員の帰責事由は必要とされない。

病気休暇制度と病気休職制度との関係については、法律上、いずれでなければならないものではないとされており（行実昭和26年8月21日、地自公発352号）、両者は異なる制度であることから、病気休暇を与えることなく病気休職を発令することも可能である。

② 病気休暇、病気休職と短期間の出勤が繰り返される場合

　「人事院規則11-4（職員の身分保障）の運用について（昭和54年12月28日任企-548）」において、病気休暇又は病気休職を繰り返してそれらの期間の累計が3年を超え、そのような状態が今後も継続して、職務の遂行に支障があると見込まれる場合には、医師の診断を求めることとしている（第7条関係5(3)）。

　病気休暇や病気休職と短期間の出勤が繰り返される場合は、病状が復職する程度までに回復しないままに復職し、結果として繰り返している可能性や、病状からみて病気休暇の承認や病気休職処分を行う必要性が必ずしもない可能性も考えられる。このため、医師に受診させて、分限事由に該当する可能性を的確に判断する対応措置が必要となる。受診をさせる医師は任命権者が指定するものであり、本人が任意に依頼した医師の診断書によることはできない。そして、職員が任命権者に指定された医師の診断を受けようとしないために、職務命令として受診を命じた場合に、正当な理由なく拒否していることが明らかであれば、職務命令違反となり、この場合には医師の診断なしに分限処分を行っても手続上の瑕疵はないとされている（東京地判平成5年3月30日）。

　この場合、受診命令に至るまでの服務指導の状況、医師の診断が得られなかった理由及び、職員の状況に対する医師の意見又はその意見を聞き取った記録等を残しておくことが望ましい。

　また、心身の故障の回復の可能性の判断は、医師の専門的診断に基づくものの、最終的には、休暇は承認権者が、処分は任命権者が、当然に行うものである。医師には職員の職場についての情報がないことも想定されることから、職場の実態や職員の勤務実績等について、医師に事前に情報提供するなどして、当該医師の十分な理解を得た上で診断を求める必要があろう。

③ 分限処分のあり方

　病気休暇や病気休職は、休暇制度か、分限処分かの相違点はあるが、いずれも、職員に心身の故障があるものの、それが一定期間の療養で回復し、復職ができるという「復職」を前提として認められるものである。職員は、復職した際には、職務を遂行する能力があり、全力を挙げて職務に専念することが求められるため、復職の判断に当たっては、慎重に判断しなくてはならない。地方公共団体によっては、健康管理医と連携し、復職訓練、リハビリ訓練といった名目で、職場復帰のための訓練を行っており、実際の職場での訓練を通して復職の可否を判断できることから、繰り返しの休暇、休職を未然に防止するための、また、円滑に職場に復帰するための有効な方策になる。なお、復職時には、職務遂行が従前のとおり行える程度まで病状が回復しているかのチェックを厳正に行う必要がある。

　昨今の公務員の身分保障の厚さに対する、住民の見方はますます厳しくなっている。分限制度は、公務員の身分を地方公務員法の範囲内で保証するものではあるが、職員による恣意的な運用は排除する必要があり、病気休暇、病気休職と短期間の出勤を繰り返している場合には、任命権者等は安易に病気休暇の承認や短期間の病気休職処分を行うことなく、ある程度長期間にわたる病気休職、降任又は免職を行うことを視野に入れ、分限制度の趣旨に則り、慎重かつ、厳正に対応していくことが求められる。

　なお、特に、分限免職処分又は分限降任処分については、職員にとって重大な不利益処分となるため、処分の際には、当該職員に対し、その理由を説明することが求められることから、そこに至るまでの経緯や服務指導の状況について、できるだけ具体的かつ詳細に記録しておくべきである。また、不利益処分を課す以上、処分に当たっては弁明の機会を確保する等、手続面の保障も必要であろう。

労働安全衛生

Q

8　事業場の適用単位

労働安全衛生法では事業場の規模別に衛生管理者や産業医等を選任することとされているが、出張所等の場合はどのようにとらえればよいのか。

労働基準法や労働安全衛生法の規定を適用する場合には、法人や企業の全体を基準とせず、原則として事業場の単位として適用する。したがって、独立した事業場として判断されるかどうかは労働安全衛生法の適用について影響が大であるが、この事業場に関する定義は、労働基準法中にも全く規定がないため、法律の趣旨を考えて解釈するしかない。

労働安全衛生法施行に当たって発せられた労働省（現厚生労働省）通知中、事業場の範囲については、次のとおりとされている。

「この法律は、事業場を単位として、その業種、規模等に応じて、安全衛生管理体制、工事計画の届出等の規定を適用することにしており、この法律による事業場の適用単位の考え方は、労働基準法における考え方と同一である。

すなわち、ここで事業場とは、工場、鉱山、事務所、店舗等のごとく一定の場所において相関連する組織のもとに継続的に行われる作業の一体をいう。

したがって、1の事業場であるか否かは主として場所的観念によって決定すべきもので、同一場所にあるものは原則として1の事業場とし、場所的に分散しているものは別個の事業場とするもので

ある。

　しかし、同一場所にあっても、著しく労働の態様を異にする部門が存する場合に、その部門を主たる部門と切り離して別個の事業場としてとらえることによってこの法律がより適切に運用できる場合には、その部門は別個の事業場としてとらえるものとする。たとえば、工場内の診療所、自動車販売会社に附属する自動車整備工場、学校に附置された給食場等はこれに該当する。

　また、場所的に分散しているものであっても、出張所、支所等で、規模が著しく小さく、組織的関連、事務能力等を勘案して1の事業場という程度の独立性がないものについては、直近上位の機構と一括して1の事業場として取り扱うものとする。」(昭和47年9月18日発基91号)

9　労働安全衛生法上の労働者

労働安全衛生法の「常時一定数以上の労働者を使用する」とは、どのような職員をいうのか。
(1)　再雇用職員や非常勤講師等も含まれるか。
(2)　派遣職員は派遣先、派遣元どちらに含めて常時使用する職員として算出するのか。

(1)　労働安全衛生法では、常時使用する労働者の人数によって、衛生管理者や産業医等の選任が義務付けられているが、「常時使用する労働者」の定義は次のとおりである。

昭和47年9月18日基発602号労働基準局長通達によれば、「『常時当該各号に掲げる数以上の労働者を使用する』とは、日雇労働者、パートタイマー等の臨時的労働者の数を含めて、常態として使用する労働者の数が本条各号に掲げる数以上であることをいうものであること」と示されている。

つまり、「常時使用する労働者」とは、常勤職員だけをいうのではなく、臨時職員でも常態として使用している場合は、その労働者数に含めることになる。しかし、臨時職員等を繁忙期だけ使用するような場合は常態とはいえず、常時使用する労働者には含めない。

したがって、設問にある再雇用職員や非常勤講師等は、常時使用する労働者数に含まれる。

(2)　派遣職員であるが、派遣労働者と労働契約を交わしている派遣元や派遣労働者を指揮命令して業務を行わせている派遣先は、労働基準法や労働安全衛生法が適用されることから、派遣労働者の労

働条件や安全衛生の確保についてもその双方に責務がある。そのた
め、派遣職員については、派遣元及び派遣先の双方で常時使用する
労働者として算出して、事業場の規模等に応じて安全衛生管理体制
を整備しなければならない。

　これらについては、労働者派遣事業の適正な運営の確保及び派遣
労働者の保護等に関する法律（労働者派遣法）45条（労働安全衛生
法の適用に関する特例等）に規定されている。

　また、平成21年３月31日基発0331010号（最終改正　平成27年９月
30日基発0930第５号）労働基準局長通達「派遣労働者に係る労働条
件及び安全衛生の確保について」の「第３　派遣労働者の安全衛生
の確保に係る重点事項」でも、派遣元事業者及び派遣先事業者が実
施すべき重点事項として、双方で派遣労働者を含めて常時使用する
労働者数を算出し、それにより算定した事業場の規模等に応じて、
安全衛生管理体制を確立することが示されている。

10 総括安全衛生管理者の選任

総括安全衛生管理者は、どのような事業場に選任し、何をするのか。

総括安全衛生管理者は、一定の規模の事業場ごとに選任が義務付けられている（労働安全衛生法10Ⅰ）。一定の規模の事業場とは、労働安全衛生法施行令2条に規定されており、次の(1)から(3)の業種の区分に応じ、常時一定数以上の労働者を使用する事業場をいう。

(1) 林業、鉱業、建設業、運送業及び清掃業　　100人

(2) 製造業（物の加工業を含む。）、電気業、ガス業、熱供給業、水道業、通信業、各種商品卸売業、家具・建具・じゅう器等卸売業、各種商品小売業、家具・建具・じゅう器等小売業、燃料小売業、旅館業、ゴルフ場業、自動車整備業及び機械修理業　　300人

(3) その他の業種　　1000人

また、総括安全衛生管理者は、当該事業場においてその事業の実施を統括管理する者を充てなければならない（労働安全衛生法10Ⅱ）。この「事業の実施を統括管理する者」とは、工場長、作業所長等名称の如何を問わず、当該事業場における事業の実施について実質的に総括管理する権限及び責任を有する者であるとされている。

総括安全衛生管理者の職務は、安全管理者、衛生管理者、労働安全衛生法25条の2第2項に基づく技術的事項を管理する者を指揮するとともに、以下の業務を統括管理することである（労働安全衛生法10Ⅰ）。

(1)　労働者の危険又は健康障害を防止するための措置に関すること

(2)　労働者の安全又は衛生のための教育の実施に関すること

(3)　健康診断の実施その他健康の保持増進のための措置に関すること

(4)　労働災害の原因の調査及び再発防止対策に関すること

(5)　厚生労働省令で定めるもの

　①　安全衛生に関する方針の表明に関すること

　②　労働安全衛生法28条の２第１項又は57条の３第１項及び第２項の危険性又は有害性等の調査及びその結果に基づき講ずる措置に関すること

　③　安全衛生に関する計画の作成、実施、評価及び改善に関すること

11 安全管理者の選任

安全管理者を選任すべき事業場は、どのような業種か。
また、安全管理者は資格が必要か。

1 安全管理者を選任すべき事業場

　安全管理者の選任は、労働安全衛生法11条に基づき、一定の業種及び規模の事業場に義務付けられている。ここでいう一定の業種とは次に掲げる業種であり、規模は常時50人以上の労働者を使用する事業場である（労働安全衛生法施行令3）。

　林業、鉱業、建設業、運送業、清掃業、製造業（物の加工業を含む。）、電気業、ガス業、熱供給業、水道業、通信業、各種商品卸売業及び小売業、家具・建具・じゅう器等卸売業及び小売業、燃料小売業、旅館業、ゴルフ場業、自動車整備業、機械修理業

　安全管理者は、その事業場に専属の者を選任しなければならないが、2人以上の安全管理者を選任する場合で、安全管理者の中に労働安全コンサルタントがいるときは、労働安全コンサルタントのうち1人については、事業場に専属の者である必要はないとされている（労働安全衛生規則4Ⅰ②ただし書）。

　「その事業場に専属の者」とは、その事業場にのみ勤務する者をいい、安全管理の業務に専従することを意味するものではないが、その事業場において他の業務を兼務する場合には、労働安全衛生法11条1項に規定する安全管理者が行わなければならない管理業務の遂行が損なわれない範囲でなければならないことはもちろんである。

② 安全管理者の資格

　安全管理者の業務は、技術的な問題を多く含んでおり、したがって、当該事業場の作業全般に通じているだけでなく、労働災害の防止に関し相当の実務経験を有し、かつ、一定の知識水準を有している者でなければ、その職責を十分に全うすることができないので、資格が必要である。その必要な資格については、次のとおりである（労働安全衛生規則5）。

　①　次のイ、ロのいずれかに該当する者で、労働安全衛生法10条1項各号の業務のうち安全に係る技術的事項を管理するのに必要な知識についての研修であって、厚生労働大臣が定めるものを修了したもの

　　イ　学校教育法による大学又は高等専門学校における理科系統の正規の課程を修めて卒業した者で、その後2年以上産業安全の実務に従事した経験を有するもの

　　ロ　学校教育法による高等学校又は中等教育学校において理科系統の正規の学科を修めて卒業した者で、その後4年以上産業安全の実務に従事した経験を有するもの

　②　労働安全コンサルタント

　③　前記の①、②に掲げるもののほか、厚生労働大臣が定める者「厚生労働大臣が定める者」とは、次のいずれかに該当する者で、厚生労働大臣が定める研修（安全管理者選任時研修）を受講した者とされている。

　　イ　学校教育法による大学又は高等専門学校における理科系統の課程以外の正規の課程を修めて卒業した者で、その後4年以上産業安全の実務に従事した経験を有するもの

　　ロ　学校教育法による高等学校又は中等教育学校において理科系統の課程以外の正規の学科を修めて卒業した者で、その後

　　6年以上産業安全の実務に従事した経験を有するもの

ハ　7年以上産業安全の実務に従事した経験を有するもの

等

12 衛生管理者の資格と選任

衛生管理者の資格には、第一種衛生管理者と第二種衛生管理者があるが、どのように違うのか。

衛生管理の業務は、技術的な問題を多く含んでおり、一定以上の労働衛生に関する知識を有している者でなければ、その職責を十分に全うすることができない。

衛生管理者の資格については、都道府県労働局長の免許を受けた者その他厚生労働省令で定める資格を有する者（労働安全衛生法12Ⅰ）とされている。

昭和63年の労働安全衛生法の改正により、衛生管理者の免許は、第一種衛生管理者免許と第二種衛生管理者免許とに分けられ、事業者は有害業務との関連が薄い業種に属する事業場については、第二種衛生管理者免許を有する者の中から衛生管理者を選任することができることとなった。

具体的には、第一種衛生管理者免許を有する者のうちから衛生管理者を選任する必要がある業種は、農林畜水産業、鉱業、建設業、製造業（物の加工業を含む。）、電気業、ガス業、水道業、熱供給業、運送業、自動車整備業、機械修理業、医療業及び清掃業であり、これ以外の業種については、第二種衛生管理者免許を有する者も衛生管理者に選任することができる（労働安全衛生規則7Ⅰ③）。

13 産業医の資格要件

　産業医は、医師であるのに加え、労働者の健康管理を行うのに必要な医学に関する知識について厚生労働省令に定める要件を備えた者でなければならないとされたが、その要件とはどのようなものか。

　また、専属の産業医を置かなければならないのはどのような事業場か。

1　産業医の資格要件

　産業医は、従来医師であればその資格を有するものとされていたが、平成8年6月に労働安全衛生法の一部が改正され（平成8年6月19日公布、同年10月1日施行）、産業医は、労働者の健康管理を行うのに必要な医学に関する知識について厚生労働省令で定める要件を備えた者でなければならないこととされた（労働安全衛生法13Ⅱ）。

　この厚生労働省令で定める要件を備えた者については、次のとおり規定されている（労働安全衛生規則14Ⅱ）。

①　労働安全衛生法13条1項に規定する労働者の健康管理等を行うのに必要な医学に関する知識についての研修であって厚生労働大臣の指定する者（法人に限る。）が行うものを修了した者（なお、厚生労働大臣が定める研修は、労働衛生一般、健康管理、メンタルヘルス、作業環境管理、作業管理及び健康の保持増進対策の研修科目について、合計40時間以上の講義と10時間以上の実習が必要とされており、この研修に該当するものとしては、現在、日本医師会の産業医学基礎研修及び産業医科大学の産業医学基本講座がある。）

② 産業医の養成等を行うことを目的とする医学の正規の課程を設置している産業医科大学その他の大学であって厚生労働大臣が指定するものにおいて当該課程を修めて卒業した者であって、その大学が行う実習を履修した者

③ 労働衛生コンサルタント試験に合格した者で、その試験の区分が保健衛生である者

④ 学校教育法による大学において労働衛生に関する科目を担当する教授、准教授又は講師（常時勤務する者に限る。）の職にあり、又はあった者

⑤ 前①～④に掲げる者のほか、厚生労働大臣が定める者

　経過措置として、既に①の研修に相当する研修を修了した者及び平成10年9月30日において産業医として労働者の健康管理等を行った経験が通算3年以上である者についても、同法に規定する一定の要件を備えた者とすることとされている（労働安全衛生規則等の一部を改正する省令附則2）。ただし、これはあくまでも経過措置であり、前期研修を受講する等により要件を備えるよう努める必要があるところであり、労働衛生の態様が大きく異なる事業場の産業医となる場合は、産業医活動の内容も異なることから研修等により必要な要件を備えることが求められる。

② 専属の産業医

　常時、1000人以上の職員を使用する事業場、又は多量の高熱物体を取り扱う業務及び著しく暑熱な場所における業務や、ラジウム放射線、エックス線その他の有害放射線にさらされる業務等、労働安全衛生規則13条1項3号に定める一定の業務に500人以上の職員を従事させる事業場にあっては、その事業場に専属の産業医を選任しなければならない。

14 安全委員会及び衛生委員会の委員

安全委員会の委員の構成はどのようにすればよいのか。
また、衛生委員会の委員の構成はどのようにすればよ
いのか。

1 安全委員会の委員の構成

安全委員会の構成については、労働安全衛生法17条2項に規定さ
れており、次の者をもって構成する。

① 総括安全衛生管理者又は総括安全衛生管理者以外の者で当該
事業場においてその事業の実施を統括管理するもの若しくはこ
れに準じる者のうちから事業者が指名した者（この委員は1人
とする。）

② 安全管理者のうちから事業者が指名した者

③ 当該事業場の労働者で、安全に関し経験を有するもののうち
から事業者が指名した者

安全委員会の議長は、①の委員がなるものとされている（労働安
全衛生法17Ⅲ）。

①以外の委員の半数については、当該事業場に労働者の過半数で
組織する労働組合があるときにおいては、その労働組合、労働者の
過半数で組織する労働組合がないときにおいては労働者の過半数を
代表する者の推薦に基づき指名しなければならない（同法17Ⅳ）。

また、委員会の構成員の員数については、事業場の規模、作業の
実態に即し、適宜に決定すべきものである（昭和41年1月22日基発
46号）。

②　衛生委員会の委員の構成

　衛生委員会の構成については、労働安全衛生法18条２項に規定されており、次の者をもって構成する。

①　総括安全衛生管理者又は総括安全衛生管理者以外の者で当該事業場においてその事業の実施を統括管理するもの若しくはこれに準じる者のうちから事業者が指名した者（この委員は１人とする。）

②　衛生管理者のうちから事業者が指名した者

③　産業医のうちから事業者が指名した者

④　当該事業場の労働者で、衛生に関し経験を有するもののうちから事業者が指名した者

　衛生委員会の議長は、①の委員がなるものとされている（同法17Ⅲ・18Ⅳ）。

　③の産業医は、必ずしも「専属の産業医」に限るものではない（昭和63年９月16日基発601号の１）（安全衛生委員会の場合も同様）。

　なお、安全委員会及び衛生委員会を設置しなければならないときは、それぞれの委員会に代えて「安全衛生委員会」を設置することができる（労働安全衛生法19Ⅰ）。この場合の委員の構成は次のとおりである。

①　総括安全衛生管理者又は総括安全衛生管理者以外の者で当該事業場においてその事業の実施を統括管理するもの若しくはこれに準ずる者のうちから事業者が指名した者

②　安全管理者及び衛生管理者のうちから事業者が指名した者

③　産業医のうちから事業者が指名した者

④　当該事業場の労働者で、安全に関し経験を有するもののうちから事業者が指名した者

⑤　当該事業場の労働者で、衛生に関し経験を有するもののうち

　から事業者が指名した者

　また、当該事業場の労働者で、作業環境測定を実施している作業環境測定士であるものを安全衛生委員会の委員として指名することができる。

公務災害補償

Q

15 公務遂行性と公務起因性

公務災害の認定における公務遂行性及び公務起因性とはどのようなものか。

　公務上の災害として認定されるためには、第1に、負傷や疾病等の災害が任命権者の支配管理下で発生したものであることが必要である（公務遂行性）。これを前提に、公務と災害との間に相当因果関係が認められること（公務起因性）が必要である。これらは、公務災害の公務上外を判断する際の重要な認定要件となる。

1 公務遂行性

　公務遂行性とは、一般的には、任命権者から、通常又は臨時に割り当てられた職務を遂行している場合をいい、職務に付随する行為を遂行している場合などもこれに含まれるが、概念的には、具体的な時間的・場所的状態を指すものだけではなく、職員が、任命権者の支配下にある状態、すなわち、「労働関係のもとにあること」をいう。

　公務遂行中と認められる行為は、地方公務員災害補償基金理事長通達（平成15年9月24日地基補153号）「公務上の災害の認定基準について」に示されているが、次のような場合は公務遂行性があると認められる。

　① 任命権者の支配下にあり、かつ、施設管理下にあって公務に従事している場合

　　㋕　通常の業務を行っている場合、臨時に割り当てられた職
　　　務として研修や健康診断、職務遂行に通常伴うと認められ
　　　る合理的行為として生理的必要行為、反射的行為等、公務
　　　達成のための善意行為、職務の遂行に必要な準備・後始末
　　　行為
②　任命権者の支配下にあり、かつ、施設管理下にあるが、公務
　に従事していない場合
　　㋕　管理施設等の欠陥又は施設管理上の不注意によるもの
③　任命権者の支配下にあるが、管理施設を離れて公務に従事し
　ている場合
　　㋕　出張（旅行命令）中の場合等
④　特別の事情下における出勤又は退勤途上にある場合
　　㋕　緊急用務のための、出勤途上の場合等
⑤　地方公務員法42条の規定に基づき、任命権者が企画、立案、
　実施したレクリエーション等に参加している場合

② 公務起因性

　公務起因性とは、公務に内在する危険が現実化したものと経験則
上認められること、つまり、公務と災害との間に相当因果関係があ
ることをいう。
　「相当因果関係がある」とは、「あの職務に従事していなければ、
その災害は発生しなかったであろうし、その災害が発生しなかった
ならば、当該傷病等は生じなかったであろう」と認められ、かつ、「あ
のような職務に従事していたならば、そのような災害が発生するで
あろうし、そのような災害が発生すれば通常このような傷病等が生
じるであろう」というように、公務が他の原因（素因、基礎疾患等）
と比較して相対的に有力な原因であると認められることである。

16 公務上の負傷及び疾病

公務上の負傷及び疾病の認定はどのように行われるのか。

公務災害においては、一般的に負傷の場合、偶発性や素因などの私的事由がない限り公務遂行性が認められるならば、改めて公務起因性を論ずるまでもなく公務上の災害と認定される。

これに対し、疾病の場合は、公務起因性が問題となり、公務の内容や程度、素因の存在の有無、医学的判断などの検討が必要となる。

① 公務上の負傷の認定

公務遂行中の負傷は、通常、その発生が外面的で可視的であり、公務との間に直接的な因果関係の成立が認められるので、改めて相当因果関係を論ずるまでもなく、また、特に医学的判断を要せずに公務起因性を認めることができる。

したがって、その公務上外の認定は、原則として被災職員が職務遂行中その他任命権者の支配管理下にある状態で災害を受けたか否かを判断して行われ、次に掲げるような場合の負傷は、原則として公務災害とされる。

(1) 自己の職務遂行上の負傷

通常又は臨時に割り当てられた自己の職務を遂行している場合に発生した負傷をいう。

(2) 職務遂行に伴う合理的行為中の負傷

職務の遂行に通常伴うと認められる合理的な行為中に発生した負傷をいう。

(3) 職務遂行に必要な準備行為又は後始末行為中の負傷

勤務時間の始め又は終わりにおいて職務遂行に必要な準備行為又は後始末行為を行っている場合に発生した負傷をいう。

(4) 救助行為中の負傷

勤務場所において負傷し、又は疾病にかかった職員を救助する行為を行っている場合に発生した負傷をいう。

(5) 防護行為中の負傷

非常災害時において、勤務場所又はその附属施設を防御する行為を行っている場合に発生した負傷をいう。

(6) 出張又は赴任の期間中の負傷

出張又は赴任をした場合、その期間中に発生した負傷をいう（合理的な経路又は方法によらない順路にある場合、恣意的行為を行っているとき等を除く。）。

(7) 出勤又は退勤途上の負傷

通勤自体に任命権者の強い拘束力が及ぶなど、公務の性質を有する出勤又は退勤をしている途中に発生した負傷をいう。

(8) レクリエーション参加中の負傷

地方公務員法42条の規定に基づき、任命権者が計画し、実施したレクリエーション又は、任命権者が地方公務員等共済組合法に基づく共済組合若しくは職員の厚生福利事業を行うことを主たる目的とする団体で、条例により設置され、かつ、地方公共団体の長等の監督の下にあるものと共同して行ったレクリエーションに参加している場合、その他任命権者の支配管理の下に行われたレクリエーションに参加している場合に発生した負傷をいう。

(9) 設備の不完全又は管理上の不注意による負傷

勤務場所又はその附属施設の設備の不完全又は管理上の不注意、その他所属部局の責めに帰すべき事由によるものと認められた負傷

をいう。

(10)　宿舎の不完全又は管理上の不注意による負傷

公務運営上の必要により入居が義務付けられている宿舎におい
て、当該宿舎の不完全又は管理上の不注意によって発生した負傷を
いう。

(11)　職務の遂行に伴う怨恨による負傷

職務の遂行に伴う怨恨により第三者から加害を受けて発生した負
傷をいう。

(12)　公務上の負傷又は疾病と相当因果関係をもって発生した
　　　負傷

たとえば、公務上の負傷又は疾病で療養中、機能回復訓練を行っ
ているときに発生した負傷などをいう。

(13)　その他公務と相当因果関係をもって発生した負傷

2　公務上の疾病の認定

　地方公務員災害補償法上の疾病は、①公務上の負傷に起因する疾
病、②公務に起因することが明らかな疾病、③職業性疾病に分けら
れ、公務上外の判断に当たっては、職業性疾病の場合を除いて、公
務と疾病との間の相当因果関係が問題となる。職業性疾病は、有害
作用を受ける公務と、これに起因して生ずる疾病との間に医学的な
因果関係の存在が確立されている反面、その他の疾病は、発病に関
し公務以外の原因（素因、基礎疾患、既存疾病など）が関与するこ
とが多いため、公務が相対的に有力な原因として作用したことが認
められる場合に限って、公務上の災害としての取扱いがされる。

(1)　公務上の負傷に起因する疾病の認定

　公務上の負傷による疾病の認定は、補償制度上、新たな疾病では
なく負傷に追加して認定することとされており、また、負傷直後の

療養中に発症する事例が多いので、医学的な発症機序が明確にされ
やすいことなどから、その認定実務は比較的容易に行われている。
　認定を行う場合等は、次の事項についての確認を十分に行う必要
がある。
　ア　負傷の部位と疾病との間に部位的に医学上の関連性が認めら
　　れること
　イ　疾病の種類及び程度が負傷の性質及び強度から医学上妥当と
　　認められること
　ウ　負傷の時期と疾病の発生若しくは増悪との間に医学上妥当な
　　時間的関係が認められること
　エ　他に有力な疾病の発生、増悪原因が認められないこと（反証
　　事由がないこと）
　これらの諸事項の確認については、診断書はもとより、主治医の
所見、診療録（カルテ）、ＣＴ等の画像診断、臨床諸検査の結果等に
よって判断することが重要である。
　(2)　公務に起因することが明らかな疾病
　公務上の負傷による疾病及び職業病以外の疾病でその発生が公務
に起因することが明らかに認められる場合は公務上の疾病であると
されている。
　負傷による疾病及び職業病は公務との間に相当因果関係が立証さ
れているため、公務と発生した疾病との相当因果関係を改めて立証
する必要がないのに比べ、その他の疾病の場合は、その疾病が公務
に起因して発症又は増悪したものであると証明されることが必要で
ある。
　具体的な認定の要件としては、次の事項が挙げられる。
　①　発症又は増悪前に発症原因たる公務による異常な出来事等が
　　存在すること

②　異常な出来事等が医学上、疾病の発生原因となる性質、強度
　　であると認められること

③　異常な出来事等と疾病の発生、急性増悪までの時間的間隔が
　　医学上妥当と認められること

(3)　職業性疾病

職業性疾病は、公務上の「外的因子」たる有害業務の種類ごとに
それに伴って発生する疾病の種類を確定できるものであることか
ら、次の8つに限定して分類されている。

①　物理的因子にさらされる業務に従事したため生じた疾病及び
　　これらに付随する疾病

②　身体に過度の負担のかかる作業態様の業務に従事したため生
　　じた疾病及びこれらに付随する疾病

③　化学物質等にさらされる業務に従事したため生じた疾病及び
　　これらに付随する疾病

④　粉塵を飛散する場所における業務に従事したため生じたじん
　　肺症又は基金の定めるじん肺の合併症

⑤　細菌、ウイルス等の病原体にさらされる業務に従事したため
　　生じた疾病及びこれらに付随する疾病

⑥　がん原性物質又はがん原性因子にさらされる業務に従事した
　　ため生じた疾病及びこれらに付随する疾病

⑦　相当の期間にわたって継続的に行う長時間の業務等に従事し
　　たため生じた心臓、脳の疾病及びこれに付随する疾病

⑧　人の生命に関わる事故への遭遇その他強度の精神的又は肉体
　　的負荷を与える事象を伴う業務に従事したため生じた精神及び
　　行動の障害並びにこれに付随する疾病

Q 17 通勤災害における通勤の範囲

通勤災害と認められる要件は何か。

　通勤災害とは、職員が、勤務のため、次に掲げる移動を、合理的な経路及び方法により行うことに起因する災害をいう。

①　住居と勤務場所との間の往復

②　勤務場所等から他の勤務場所への移動

③　①の往復に先行し又は後続する住居間の移動

　したがって、その往復の経路を逸脱し、又はその移動を中断した場合には、当該逸脱又は中断の間及びその後の移動中の災害は、通勤災害に該当する行為とはされない。ただし、当該逸脱又は中断が、日常生活上必要な行為であって総務省令で定めるものをやむを得ない事由により行うための最小限度のものである場合には、当該逸脱又は中断の間に生じた災害を除き、通勤災害とされる。

　そして、通勤と災害との間に相当因果関係があると認められることが必要である。

　通勤行為自体はあくまでも職員の私的行為であるが、通勤災害を公務災害と同様に保護するという制度を設けているのは、勤務するためには不可欠な行為であり、勤務の提供と密接な関連性があるなど、「通勤」が本来的に有している性格等が重要な理由となっているためである。

18 追加及び再発の認定請求

公務災害において傷病の追加や再発があった場合どうするか。

追加とは、認定請求を行った後において、以下の場合をいい、当初の災害と同一の事由に起因する傷病名が追加して診断された場合には、追加認定請求を行う必要がある。

① 本来診断されているべき傷病名が、当初の診断書に記載されていなかったとき

② 既に認定請求をした傷病に起因して、療養中に新たに別の傷病が発生したとき

再発とは、公務又は通勤により生じた傷病が、いったん治った後において、その傷病又はその傷病と相当因果関係をもって生じた傷病に関し、以下の場合をいう。

① 私的な原因もなく自然的経過により再び症状が出現したり、悪化して再び療養を必要とするに至ったとき

② もはや医療効果が期待できないため、治ゆとした後に、医学水準の進歩等により医療効果が期待されるようになり、再び療養を必要とするに至ったとき

この場合、新たに認定請求を行う必要がある。また、初発傷病と再発傷病とは必ずしも同一の傷病名である必要はなく、初発傷病と相当因果関係をもって生じた傷病であることが、医学的に認められれば再発として取り扱われる。なお、傷病の治ゆ後に、別の災害を受けた場合、あるいは治ゆ判断に瑕疵があり、実際にはいまだ治ゆしていない場合は、ここにいう再発には当たらない。

19　第三者行為災害と損害賠償請求権

　第三者行為による災害で損害賠償請求ができるのはどのような場合か。

　補償の原因である災害が第三者の行為によって生じた場合で、民法等に基づく損害賠償請求権が生ずるものをいう。

　成立要件としては、以下の要件が具備されていることが必要となる。

① 第三者の行為によって災害が生じたこと

② 原則として民法の不法行為が成立すること

　第三者とは、被災職員及び当該職員の所属する地方公共団体並びに基金以外のものをいうとされている。

　したがって、同僚間の事故における相手方職員や被災職員が属さない地方公共団体は、第三者となる。ただし、同僚間の事故で、お互いに職務遂行中の事故については、基本的には求償しないこととされている（昭和43年5月10日地基補151号）。

　一般的な不法行為（民法709・712・713）の成立要件としては、以下すべて満たす場合に不法行為が成立し、被災職員はその行為により生じた損害を第三者に損害賠償請求し、原則として金銭で支払を受けられる。

① 第三者に故意又は過失があること

② 権利又は法律上保護される利益がその行為によって違法に侵害されたこと

③ 第三者に責任能力があること

④　その行為により損害が発生したこと

なお、損害賠償責任者となる第三者には、このほかに民法の特殊の不法行為によるもの、さらに自動車損害賠償保障法、国家賠償法に基づくものがある。

20　公務災害認定請求権の時効

公務（通勤）災害の認定請求を行うのに時効はあるか。

認定請求を行うこと自体に時効はないが、地方公務員災害補償法63条は、「補償を受ける権利は、2年間（障害補償及び遺族補償については、5年間）行われないときには、時効によって消滅する」ことを定めている。このため、災害発生から2年以上経過して認定請求をした場合には、公務（通勤）災害と認定されても、認定請求日から遡って2年以内の療養補償等に給付対象が制限される。

また、公務（通勤）災害と認定され、療養補償等の請求を行わない場合には、認定の事実を知り得た日の翌日から2年が経過すると、時効により補償を受ける権利が消滅する。

研　　修

Q

21　人材育成

　人材育成に関する基本方針の策定と、これに基づく具体的取組を進める上での留意点は何か。

1　背　景

　平成16年6月の地方公務員法改正により、各地方公共団体に、「研修の目標、研修に関する計画の指針となるべき事項その他研修に関する基本的な方針」を策定することが義務付けられ（地公法39Ⅲ）、これにより任命権者は、地方公共団体としての統一的な方針の下で研修を実施することになった。

　加えて、平成17年3月に出された総務省指針（地方公共団体における行政改革の推進のための新たな指針）において、地方公共団体には、研修に関する基本方針を包含した人材育成に関する総合的な方針の策定が要請されたところである。

2　留意点

　地方公務員法改正及び総務省指針の趣旨から、地方公共団体における人材育成とは、研修機会の付与による職員の能力開発にとどまらず、人事管理面も含めた総合的な取組として行われるべきものであり、人材育成に関する基本方針とは、こうした総合的な取組を実施するに当たっての基本的な考え方、具体的な方策等を示したものでなければならない。

　基本方針においては、まず、組織として求める人材像を明確化し

　た上で、そこに至るまでの段階的な到達目標についても併せて設定
するなど、職員に対し、自らのキャリアを自律的・主体的に考える
上での道筋を示し、認識させることに留意する必要がある。

　併せて、人材育成を推進する仕組みを充実させ、様々な取組を組
織的に行っていくことが重要である。

　たとえば、任用面においては、長期的な視点から職員の能力開発
に取り組むための配置管理方針を策定し、これに基づくきめ細やか
な職員配置の実現や、意欲ある職員がチャレンジしやすい仕組みへ
と昇任制度を見直すなど、組織が求める人材の育成を可能とする任
用制度の構築に取り組むべきである。また、人事考課制度に関して
は、職員の成長意欲を引き出し、主体的な能力開発の取組を促すた
め、能力開発に対する職員の取組を適切に評価・反映できる仕組み
とすることが重要である。

　加えて、職員研修についても、職員自らの成長しようとする意識、
キャリア形成への取組に寄与する仕組みとする必要がある。たとえ
ば、知識付与型の画一的な集合研修体系を見直し、個々の職員ニー
ズを踏まえた多様な自己啓発支援メニューを提示するなど、職員一
人ひとりの成長意欲に応えられる新たな研修体系へとシフトしてい
くことなどが考えられる。併せて、組織的な人材育成を支援する上
では、職場研修（ＯＪＴ）を実践する際の心構えやノウハウ等を示
したハンドブックを作成し、管理者等に配布するなど、人材育成に
対する職場全体の機運を高めていくことにも留意する必要がある。

その他

22 職員の旧姓使用

職員が旧姓を使用することについて、人事記録上、問題はないのか。

　多くの地方自治体では、従来、職員の氏名は、戸籍に記載されている氏名を使用するよう義務付けてきた。その結果、職員が婚姻し、姓を変更した場合には、これまで築いてきた職務上の実績・信頼関係が損なわれる、プライベートな事実が明らかにされる、といった不利益が生じることがある。

　平成28年度には、「女性活躍加速のための重点方針2016」において、女性の活躍に立った制度等の整備を進めていくことが重要であるとして、地方公務員が旧姓を使用しやすくなるよう、必要な取組を進めるとし、平成29年度には、総務省が「国の行政機関における職員の旧姓使用に係る申合せについて」により、旧姓使用の拡大について技術的助言を発出した。技術的助言の内容は、①国の行政機関が、法令上又は実務上特段の支障が生じるものを除き、対外的な文書等を含め旧姓使用を認める、②各地方公共団体においても、対外的な文書等を含め旧姓使用を可能とするなど、職員が旧姓を使用しやすい職場環境づくりに向けたより一層の取組をお願いすること、の２点である。こうしたことから、地方公共団体における旧姓使用を認める動きは加速し、都道府県及び政令指定都市の全団体において職員の旧姓使用が可能との調査結果が出ている。

　なお、内閣府男女共同参画局は「女性活躍・男女共同参画の重点

方針2023（女性版骨太の方針2023）」において、現在、身分証明書として使われるパスポート、マイナンバーカード等も旧姓併記が認められており、旧姓使用の運用は拡充されつつあるとし、引き続き旧姓使用の拡大やその周知に取り組むとしている。

旧姓使用を認める場合には、旧姓を使用できる文書を明確に定める必要があるが、先述の地方公共団体における旧姓使用を認める動きもあり、旧姓を使用することができない文書以外は原則認める方向性となっている。旧姓を使用することができない文書を具体的に定義すると、①法令等によるため、又は金融機関の本人確認に戸籍上の氏名が必要なため、旧姓使用ができない文書、②各自治体の電算システム上の制約を伴う文書の2種類に大きく分けられる。従来、旧姓使用が難しいとされていた、職員個人の名をもって行う許認可事務に関する文書、職員の身分を証明する文書についても、旧姓の使用が認められる方向性であり、旧姓を使用することにより事務の混乱を招く場合のみ、旧姓の使用を認めるべきではないとしている。

なお、旧姓使用を認めていない文書の例としては、税金関係文書、社会保険文書、電算システム上の制約を伴う文書等が挙げられる。

旧姓使用の手続としては、希望者は旧姓使用を願い出る申請書を人事当局に提出することが基本となる。人事当局は、その申請に基づき、使用可能な文書などの氏名を変更する。また、人事記録の履歴事項に旧姓使用の届け出の有無を記載し、適正に管理する必要がある。既に実施している地方公共団体では、旧姓使用台帳を備えて管理している例もみられる。

いずれにしても、旧姓使用については、賛否が分かれている夫婦別姓の問題とも大きく関連するものであるため、職員、住民等の感情にも十分な配慮を行うとともに、混乱が生じることのないよう、十分な注意を払うことが必要である。

地方自治課題解決事例集　第４次改訂版（全３巻）
第２巻　人事編

令和５年12月25日　　第１刷発行

編著者　地方自治課題研究会

発　行　株式会社 ぎょうせい

〒136-8575 東京都江東区新木場１‐18‐11
URL：https://gyosei.jp

フリーコール　0120‐953‐431
ぎょうせい　お問い合わせ　検索　https://gyosei.jp/inquiry/

〈検印省略〉

印刷・製本　ぎょうせいデジタル㈱　　　　©2023　Printed in Japan
※乱丁、落丁本はお取り替えいたします。
＊禁無断転載・複製

ISBN 978-4-324-11334-9
(3100558-01-002)
〔略号：自治解決４訂２人事〕